なんで
中学生のときに
ちゃんと
学ばなかったん
だろう…

現代用語の基礎知識・編

おとなの楽習

24

漢字のおさらい

自由国民社

装画・ささめやゆき

はじめに

「漢字のおさらい」とは？

「『漢字のおさらい』？　いまさら漢字のおさらいでもないでしょう」。みなさんの誰もがそのように思われるかもしれません。たしかに、漢字の読み書きをはじめ、漢字についての知識は、“学校”卒業後の経験を経て“そのころ”よりも高いレベルに達していることは明らかです。

文字に限らず、広く言語表現を、わたしたちは社会的な場で訓練し獲得していきます。学校を巣立って社会に出ると、その社会のもつ複雑でさまざまな面にふれて経験の幅も広がり、思考する力もいっそう培われます。言語表現もそれに応じて豊かになり高まっていくからです。「漢字のおさらい」などと聞くと、訝《いぶか》しい気持ちをこめて「何もいまさら…」となるのも無理ありません。

ほかの教科の「おさらい」は、「忘れてしまったことをもういちど学習し直す」ことの中に楽しみがあると思われますが、「漢字」の場合は、学校にいたときよりもはるかに高いレベルにあるので、ほかの教科の「おさらい」とは違ったものにしたほうが面白そうです。

それでは「漢字のおさらい」とはどのようなものでしょう

か？　結論からいいますと、それはわたしたちが日常的に感じたり考えたりしている、漢字のもつ社会的・文化的な機能がどのように生まれたのか、その歴史や意味をもういちど確認する、ということになるでしょう。

漢字の来歴

漢字といえば、わたしたちは、それが中国の古代帝国の殷《いん》の時代（前17世紀～前11世紀）にすでに使われていたこと、日本の古い時代にそれが中国から伝えられたこと、そして現在、漢字を使用しているのは中国や日本などだということ…を知っています。同じ漢字という文字を使っているのだから、その漢字の機能もまた両国とも同じようなものだろうと無意識のうちにも考えていないでしょうか？　もちろん多くの漢字が似た意味をもち、使用されているのはたしかです。しかし忘れてならないのは、中国の漢字（簡体字で「汉字《かんじ》」と書かれます）は中国語であり、日本の漢字は日本語だということです。同じ漢字でもそれぞれ異質な言語として機能しています。

中国と日本の漢字のもつ機能の違いはなんでしょうか。違いの一つには、中国の漢字は、基本的に一字一音ですが、日本には、二つ以上の音をもった漢字がたくさんあること。それは漢字が日本に伝来した時期や地域によって、異なった音をもつものが入ってきたからです。これは中国語が時代や地域によって異なった発音をしていたことも示しています。

もう一つは、「訓読み」という読み方があること。これはいうならば漢字を日本語に「翻訳」した読み方です。

そして最も大きな違いは、中国の「汉字」が表音的な方向を示しているのに対して、日本の「漢字」は表意的な方向をより強く示していることです。

以上のいくつかのことについては、これからもう少し詳しく学ぶことにしましょう。中国と日本、それぞれの漢字の歴史を見ていきます。

さあ、それでは「漢字」の世界にご案内しましょう。

もくじ

日本編

難読語編

中国編

1

文字の起源

■蒼頡《そうけつ》の伝説

漢字は、太古の神話伝説的時代の蒼頡《そうけつ》という人が鳥獣の足跡からヒントを得て作ったという伝説が伝えられています。蒼頡《そうけつ》は“目が四つある人物”として絵などに描かれており、これは蒼頡《そうけつ》の優れた観察力を表現したものでしょう。

この四つ目の人物はもちろん伝説で、単独の発明者によって漢字が生まれたのではなく、古代社会の中で少しずつ形成されていったと考えるのが妥当です。考古学の成果や文献から、漢字が生まれるまでの様子を見てみましょう。

■縄を結んで情報伝達

文字というと、わたしたちは、いくつかのその連係によって意思を伝えるための最小単位、として考えています。複数個組み合わせても意味をなさないものを、わたしたちは文字とは呼びません。「×」「△」「○」は、“文字”と区別し、通常“記号”と呼ばれます。

文字の起源はその記号にあったと思われます。記号といってもそれは何らかのメッセージを発信するためのものだったでしょう。ですから、共同体の共通認識を表すものでなければなりません。個人的に石片や木片に書きつけられたものというよりも、共同体の誰もが見えるように掲示されたのだと思います。

その様子は『老子《ろうし》』『荘子《そうし》』などの文献に見られます。

一例を挙げると、『易経《えききょう》』（繋辞《けいじ》下伝）に、

上古結縄而治、後世聖人易之以書契。

［上古は結縄して治む、後世の聖人、之に易《か》ふるに書契《しょけい》（文字と割り符）を以てす。］

とあります。

さらに『易経《えききょう》』に鄭玄《じょうげん》（127～200年）がつけた注（解説のこと）には、

事大大結其縄、事小小結其縄。

［事の大なるには其の縄を大結し、事の小なるには其の縄を小結す。］

とあります。これは無文字社会の遺風を語ったものでしょう。鄭玄《じょうげん》の注の「大事・小事」がどのようなことかは具体的にはわかりませんが、縄を結ぶだけで込み入ったことを表現できるとは思われません。

これは考古学でキープ（quipu／結縄《けつじょう》文字）といい、古代インカ帝国、エジプト、チベット、太平洋地域などにもあり、ペルーや沖縄では近代までその風習が残っていました。租税など数量的なものを標示したものだといわれています。

この「結縄」は伝達方法の手段ですが、記号の前の段階で、まだまだ文字とはいえません。

■ 半坡《はんぱ》遺跡の“記号”

1954年から57年にかけて、中国科学院考古研究所によって半坡《はんぱ》遺跡が発掘調査されました。半坡《はんぱ》は陝西省《せんせい》西安《せいあん》の東6㎞ほどにある仰韶《ぎょうしょう》文化期の大集落遺跡で、その推定年代は放射性炭素の測定で前4800～前4300年ごろとされています。集落全域は5万㎡で、その中の1万㎡あまりが発掘され、40あまりの竪穴式住居址と200あまりの墓から石器・動物の骨角器・土器などが1万点あまり出土しました。

その出土品を代表するものに「彩陶《さいとう》」、または彩文《さいもん》土器があります。赤褐色の土器に黒色と赤色の顔料で、鳥・魚、十数人による舞踏、裸体人物像、二重から五重の円形・円と円をつなぐ線・直線・波状線などの上絵がほどこされたものです。この陶器を代表して、この期の文化を「彩陶《さいとう》文化」とも呼んでいます。

さてその彩陶《さいとう》は透かし彫りの瓶《かめ》があるなど高い技術水準を示したものですが、わけても注目されたのが、陶器の上縁部に線刻された、文字のようにも見える“記号”です。その“記号”とは次のようなものです。

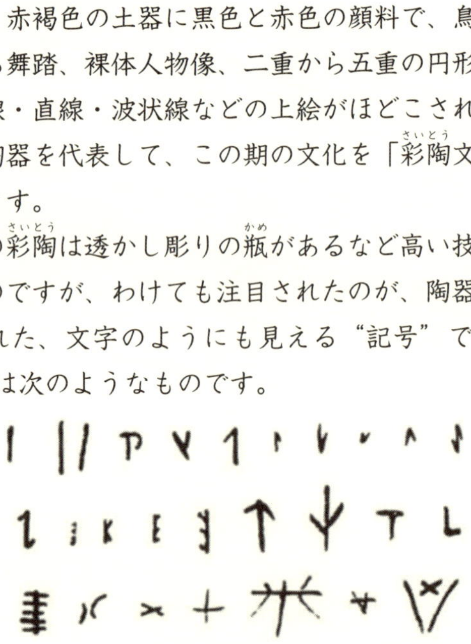

半坡遺跡の記号

これらの“記号”は20個あまり確認されていますが、一つの陶器に一つだけが刻されており、複数の“記号”が刻されている陶器は発見されていません。つまり、それらが連係して意味を表す機能はもっていなかったと想像できます。

また同一の“記号”を刻した陶器が、同じ場所か、もしくは近接する場所から出土していることから、その“記号”は、陶器の「所有者」か、その「製作者」を示すものだろうと考えられています。

いずれにせよ、複数個が連係していない——文字列を形成していない——以上、それを文字とするのは難しいところですが、その“記号”にはなんらかの意思が込められているはずです。「結縄」が一度に多くの人が見ることができたのに対して、この陶器に刻された“記号”は、かなり個人的なメッセージを表したもので、それは同時に、共同体の共通認識の対象でもあったでしょう。とするならば、“文字”への一歩を進めたことになると思います。

■竜山《りゅうざん》文化の「踊る人」

1930年、山東省歴城県竜山鎮《りゅうざんちん》にある城子崖《じょうしがい》遺跡から多くの磨製石器とともに陶器が発掘されました。出土した場所から「竜山《りゅうざん》文化」と命名されましたが、出土品を代表する黒陶にちなんで「黒陶文化」とも呼ばれます。黒陶はその後の発掘調査によって、竜山《りゅうざん》だけでなく、華北一帯に分布しているばかりか、河南省や上海からも出土しており、しかも彩陶《さいとう》

(彩文《さいもん》土器) の出土した地層よりも上の層から出土したので、仰韶《ぎょうしょう》文化を受けて発展したものとされました。新石器時代後期に属します。

1993年、竜山《りゅうざん》文化の遺跡から、次のような11個の文字らしいものが刻されている陶器の断片が発見されました。推定年代は前2200年前後です。

竜山文化の陶片

それぞれ「踊りの型」をかたどったものであるという説がありますが、わたしもまた、「これは！」と思ったものです。祭りの場で、精霊もしくは祖先神の意思をうかがうべく神憑《かみがか》りになったシャーマンが、踊りに興じている様子を表しているのではないか、と。

もし初めから、右から2行目の上の図だけが単独で示されたら、走る形ともとれますが、それがその下の図と連続して描かれているのですから、上の図の人がくるりと回っている様子を示した形と見るのが自然ではないでしょうか。その二つの図は人がくるりと回っていることを“伝達”する要素をもっているということになります。とすれば、この11個の図は一連の文字列であるかもしれません。しかし、それはまだ、謎に包まれています。

■中国史上初めての個人名「貫雀」

台西《たいせい》遺跡は河北《かほく》省藁城《こうじょう》県にある、殷《いん》代中期のものと推定されています。その台西《たいせい》遺跡から出土した陶片の中には、線で刻された跡のあるものが70個あまりあり、その中でも下の図のような「絵文字」的な線刻は、甲骨文につながる可能性をもっていると思われます（魚は上部が欠けています）。

刀

魚

またこの遺跡からは「貫雀」と判読される文字の刻された下のような陶片が発見されています。

「貫雀」の陶片

この陶片を見ると、「貫」と判読されたのは「回」に縦棒を加えた「⿴口中」という字だと思われます。この字は「毌《かん》」です（「毋《なかれ》」でも「母《はは》」でもありません）。それを「貫」の省略形と見たのでしょうが、根拠はよくわかりません。「⿴口中」は、著名な歴史家である郭沫若《かくまつじゃく》（1892～1978年）によれば、もともと方形の盾《たて》のことです。たしかに文字そのもののもつ意味は「方形の盾《たて》」でしょうが、この陶片の場合は、この陶器の所有者（もしくは製作者）を表すものと想像できます。

右の図は殷《いん》代後期の「獣面文筒形卣《ゆう》」（上海博物館蔵）の銘文です。

獣面文筒形卣《ゆう》の銘文

ここに「毌」の文字が見えます。銘文は、

父己彝毌口（乍）

とあります。「乍」は不鮮明ですが、ほかの青銅器の銘文から類推したものです。「父の己の彝《い》、毌口乍（作）る」と読めます。「彝」という難しい字は「祭器」のことです。「父の己の彝、毌口が作る」、おそらく子が、亡くなった父「己」の祭器を、毌口という者に依頼して作った、ということでしょう。

台西《たいせい》遺跡出土の陶片と青銅器の銘文とを簡単に結びつけることはできません。しかし、青銅器の銘文を手がかりの一つとして見るならば、陶片の「毌」は「盾」を指すのではなく、人名と理解してよいのではないでしょうか。

とすると、「貫雀（毌雀）」は“中国史上で初めて個人名をもって登場する人物”ということになります。

2
甲骨文と金文

■最初の漢字「甲骨文」

甲骨文

さて、ようやく「甲骨文」にたどりつきました。

現在、最古の漢字とされているのが、殷《いん》の時代（前17世紀〜前11世紀）の甲骨文という文字です。

甲骨文とは「亀甲獣骨文字」、つまり亀のお腹の甲羅《こうら》や、牛や鹿の骨に刻まれた文字のこと。甲骨文は、あとで見る「金文」が鋳込まれた青銅器などとともに、東京国立博物館の東洋館２階展示室で常時展示されていますので、実際に見た方もいるでしょう。

■歴史に埋もれた甲骨文

甲骨文は、漢字の起源を考えるうえで重要な史料です。漢字だけでなく、それを通して見える中国古代の社会や文化に関する研究も、甲骨文によって大いに進みました。しかし甲骨文は、実は中国の国内でも長い間知られていなかったものでした。

金文の存在は、中国では昔から知られていました。殷《いん》や周《しゅう》の時代の青銅器は美術品として人気があり、近代にかけて収集家はこぞってこれを集め、研究もしました。しかし、甲骨文の研究は、金文のそれに比べるとずっと新しいのです。

1899年に甲骨文が“発見”されるまで、その存在が知られていなかったからです。甲骨文がどのように発見されたのか、そのいきさつをざっとお話ししましょう。

竜骨からの発見

甲骨文が発見された1899年といえば、日本では明治32年、中国では清朝の時代（光緒《こうしょ》25年）です。義和団事件という内乱が起こり、北京が欧米の連合軍に占領された前年です。

王懿栄《おういえい》という政治家がいました。当時は国子監祭酒（いまの国立大学総長）という地位で、政治家であると同時に学者でもあったのです。彼はマラリアに苦しんでいましたが、治療薬として彼が服用していたのは“竜骨”でした。動物の骨の化石を、竜の骨と信じて粉にして飲んでいたのです。ある日、彼が何気なく竜骨を見ていると、その骨片に刃物のようなもので彫られた跡が目にとまりました。王懿栄《おういえい》はさらに多くの「竜骨」を薬店から取り寄せ、食客《しょっかく》としていた劉鉄雲《りゅうてつうん》とともに調べた結果、二人はそれを殷《いん》代の文字と断定しました。

「竜骨」は農民が地中から発掘した化石ですが、人為的な跡が入っていれば、神秘的で薬効がありそうには見えないので、農民は線刻が表面にあるものは棄てて、ないものを選んで薬店に納めていたようです。一部の好事家もそれが古代の文字らしいことはわかっていましたが、ただの珍奇な骨董品として所蔵しているだけで、“発見”はできませんでした（この甲骨文発見にまつわる王懿栄《おういえい》と劉鉄雲《りゅうてつうん》のエピソードは有名ですが、最近では“後世の創作”ともいわれています）。

王懿栄《おういえい》はその後、義和団事件で占領された北京で、高官として殉職をしましたが、彼の収集した甲骨は劉鉄雲《りゅうてつうん》に託され、1903年、『鉄雲蔵亀《てつうんぞうき》』（全６冊）にまとめられました。状態がよく美しい1058片を選び拓本に取った本です。その後、文字学と殷《いん》代の研究は長足の進歩をとげますが、その研究の端緒を開いたのが『鉄雲蔵亀《てつうんぞうき》』です。

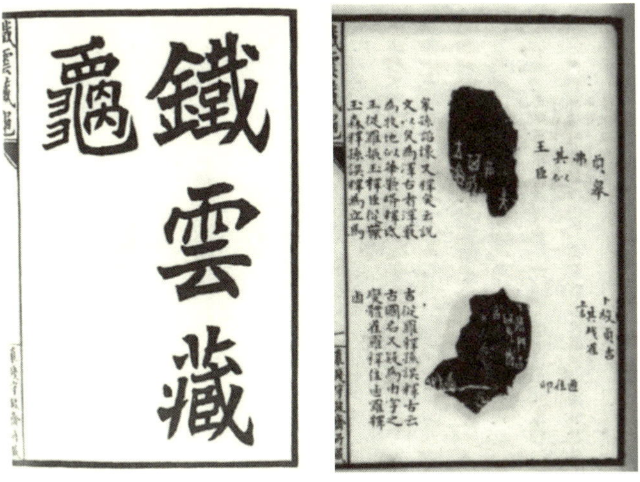

鉄雲蔵亀

■ 占いの記録

現在までに、殷墟《いんきょ》（河南省安陽市にある殷《いん》の遺跡）から発掘された文字の刻されている甲骨は、16万点ほどにのぼります。そして、わかっているだけで3000種ほどの字があります。それ以前、竜骨と称されて消費されたもの、収集家によって秘匿《ひとく》・所蔵されているもの、まだ地下に眠っているもの、それらを含めるとどのくらいの数量になるか、ちょっと見当もつきません。それは、殷《いん》でのあらゆる事柄が占卜《せんぼく》によって確認・決定されたことを物語るもので、殷《いん》王朝が祭祀《さいし》による世界であったことを示しています。

殷《いん》王朝では、共同体で大事なこと（戦争、狩猟、天候、収穫など）や王の日常のさまざまなことを占うに際して、甲骨を火で焼いて卜兆《ぼくちょう》、すなわち、ひび割れを生じさせ、卜兆《ぼくちょう》の走り具合で吉凶を判断します。つまり祖先神の、あるいは自然神の意思＝神意を読み取るのです。そして卜兆《ぼくちょう》の生じた甲骨に占卜《せんぼく》の内容を刻みました。その文を「卜《ぼく》った辞」、すなわち卜辞《ぼくじ》といっています。ただ、どのような亀裂が吉を示し凶を示すのかは、いまのところまだわかっていません。

■「王」の字

吉凶の判断をくだすのは「神」です。その神と人間とを仲立ちするのが「王」です。甲骨文と金文で、それぞれ「王」という字は次の図のような形となっています。

甲骨文の「王」

金文の「王」

これらは“斧（マサカリ）”をかたどったもので、王は強い武力の保有者であるとともに、神（自然界に潜む力、祖先の霊魂など）の意思を伝える人、神の声を聞くことのできる人です。

占いという聖職を司る人は、貞人《ていじん》と呼ばれ、殷《いん》代にはそういった職能集団があったのですが、その聖職者集団の頂点に立っていたのが王だったのです。文字学者・白川静《しらかわしずか》（1910～2006年）が「巫祝《ふしゅく》（神職）王《おう》としての王」といっているのは、王のそのような側面を指摘したものです。

■「卜（うらない）」の字

「卜」の字について、『説文解字《せつもんかいじ》』（41ページ参照）には、

象亀兆之縦衡也。

［亀の兆の縦衡《たてよこ》に象《かたど》るなり。］

と出ています。つまり、亀の甲羅を焼いたときに、縦横に生じたひび割れの形を描いた象形文字だというのです。

占卜《せんぼく》に用いる亀甲は、まれに背甲もありますが、ほとんど腹甲です。その腹甲の裏面の中央の縦と縁辺部に沿ってくぼみと小さな穴を掘り、火のついた棒や金属製の火箸のようなものを差し込みます。すると“ボクッ”と音がして割れ目が

できます。その縦横に生じた割れ目の形を描いた象形文字が「卜」であり、「ポク」「ボク」というそのときの音が「卜」という文字の音になったのです。中央の縦棒から右に伸びた、割れ目を示す短い棒は、逆に左側についている場合も見られます。「兆」という字もまた、そのときに生じた割れ目をかたどった象形文字です。中心の縦の裂け目から左右に開いた裂け目を示しています。

■金文

金文は青銅器に鋳造された文字です。「金」とは青銅（ブロンズ）、すなわち、銅と錫《すず》の合金のことです。

獣面文筒形卣《ゆう》

この青銅によって鋳造された器物を青銅器と呼びますが、中国では前1600年ころ、殷《いん》王朝の建国のころには、すでに青銅器を鋳造する技術がありました。文字が鋳造されるようになるのは、甲骨文の使用とほとんど同じ時期のようです。

甲骨文字が、青銅製の鋭利なナイフで刻むので細い線のようなスタイルをしているのに対して、金文は青銅器を作る際、粘土にへらのようなもので成形するので太く丸みを帯びた字形になります。

甲骨文と金文はほぼ同じ時期に書かれましたが、その内容は大きく違います。甲骨文が、「卜問《ぼくもん》」という神との交信によって王の神秘性を表現するツールであるのに対して、金文は図像の標識とともに祖先神や王族名・氏族名などが鋳込まれており、一種のモニュメントのような性格を帯びています。

周《しゅう》王朝になるとモニュメントとしての要素はいっそう強くなり、官職を受けたり、武勲をたてたりしたときに製作されています。鋳造された文も、殷《いん》代のものは固有名詞などを中心とした10字に満たない短いものでしたが、下図の西周初期を代表する「大盂鼎《だいうてい》」には291文字が、西周後期を代表する「毛公鼎《もうこうてい》」には497文字が、器の内側に鋳込まれています。

長文のものが多く、その意味で周代の青銅器は、殷《いん》代のそれに比べて、圧倒的に文献としての歴史資料的な側面では重要な価値をもっています。金文は甲骨文同様に、3000字程度が確認されています。

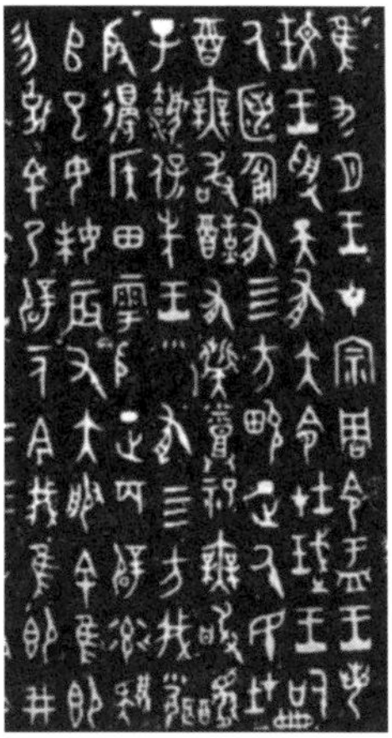

大盂鼎とその銘文

十二支の古代文字

古代文字の例として、“十二支の動物たち”が古代中国でどのような文字で表されたのかをご紹介します。

「甲骨文」→「金文」→そのあとに生まれた「小篆《しょうてん》」の順で、おおむね各々の左から右に時代順に並べてあります。

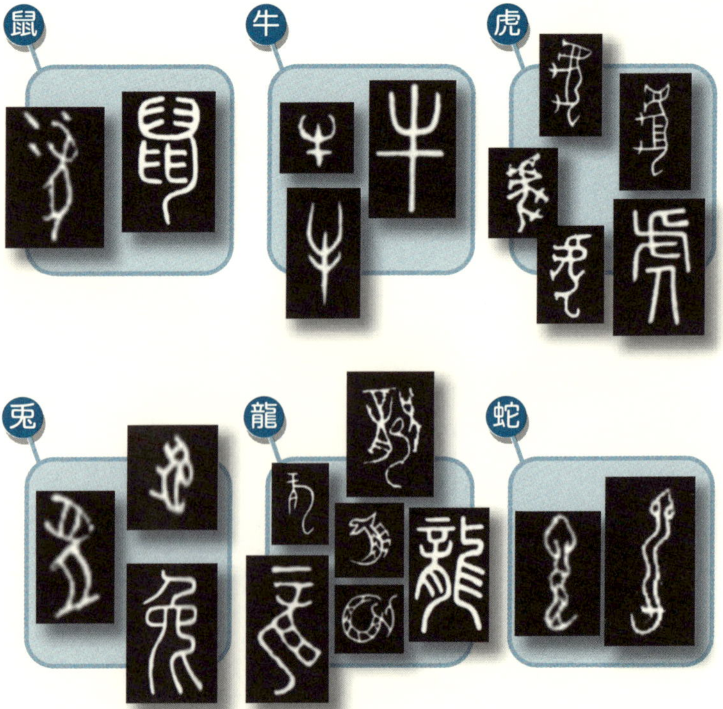

古代人が動物の姿をどのような絵に写し取ったのか、またそれが文字として整備され、われわれが使用している漢字に近づいてきた過程が見えてきます。甲骨文は完全に動物の姿の素朴なスケッチですが、金文ではやや文字らしさが生まれ、「小篆《しょうてん》」になるとぐっと実用的な感じがします。

古代人の生活に身近だったり、関心が高くもたれていた動物は、用例が多く残されているようです。

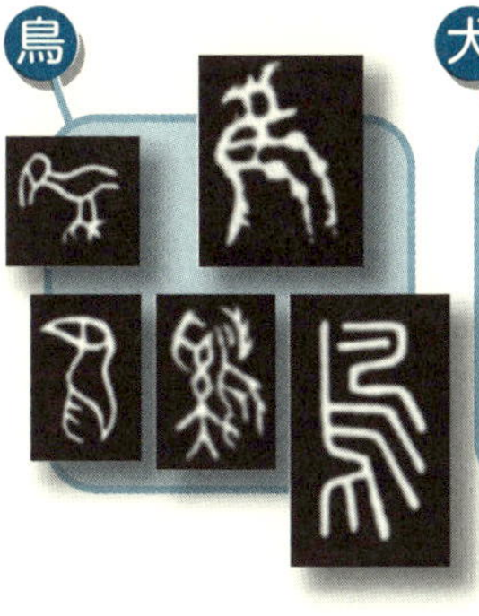

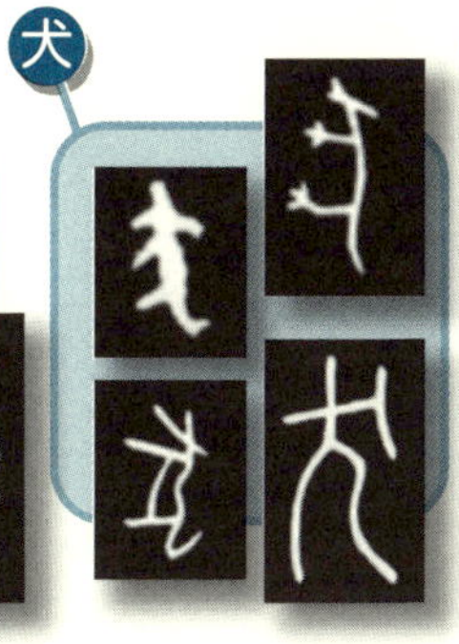

コラム

「亀裂」
——日本語と中国語との意味の“ひび割れ”

亀の甲の「ひび割れ」というと、「亀裂」という言葉を連想するかもしれません。亀の甲で占うときに甲羅に生じさせる「ひび割れ」とかかわりがあるのではないか、と。でも、残念ながら「亀裂」は、占いに使う亀甲とはまったく関係がありません。

同じ語でも、中国と日本で意味が異なるものがありますが、この「亀裂」にもちょっとした差異があります。まず「亀裂」という言葉の古い意味を、諸橋轍次《もろはしてつじ》の『大漢和辞典』で調べると、「①手足にひびがきれる。あかぎれ。ひび。②かめの甲のやうなひびわれ、さけめ。割れ目」とあります。

第一義的には②で、①は②から派生した意味ですが、②の用例が載っていないところを見ると、「あかぎれ」の意味が主だったようです。

また、手近な現代中国語辞典で見てみますと、例文に「天久不雨、田地亀裂（長い間雨が降らず、田畑にひび割れができた）」とあります。

たしかにテレビの映像などで、干魃《かんばつ》で亀の甲羅のようなひび割れた田地を目にすることはあります。これは『大漢和辞典』の②の意味にあたる例文です。

しかし①の「あかぎれ」を表す語としては、現在は使われていません。

日本語で「地震で壁に亀裂が生じた。道路にも大きな亀裂がある」といった場合、話し手も聞き手も亀甲形のひび割れは連想しないと思います。

『新明解国語辞典』では、「亀裂」に「堅いものに大きなひびが入ること。また、それによって出来た、川の流れのような筋状の跡」とありますが、まさにそのとおり。それが日本語と中国語との違いです。

また、さらに『新明解』をのぞいてみますと、「今までしっくりいっていた関係がこじれて、険悪になったり、絶縁したりする意にも用いられる」とあります。

「彼女との間についに亀裂が生じた」

この「亀裂」の語に、わたしたちはもちろん亀甲形のひび割れを思い描きはしません。おそらく、なにか恐ろしい修復しがたいような裂け目、相当の努力をしなければ埋まらないミゾ、といったようなものを読み取ります。

このように具体的なモノを指示する語が、気持ちの問題にも“変換”されて用いられています。これが最も大きな違いといえましょう。

3 書体の変遷

■文字の様式「書体」

甲骨文と金文は、ともに物の形をかたどったことが明らかな、原始的な漢字です。金文の「王」の字は現在の字体と近く、なんとなく読めますが、あまりに絵画的でかけ離れた文字は、知識がなければ解読できません。いまわたしたちが日常の中で目にする漢字の姿になるのには、古代文字の時代からしばらく時間が必要でした。

「書体」という言葉を目にすることがあると思います。書体とは、それぞれの字が独自の“様式”を備えた字形として表現されているものです。パソコンでの文字表示や、活字でもおなじみです。

印刷用の書体は別にして、人間の手が書いた漢字の歴史を見てみると、大きく分けて「篆書《てんしょ》・隷書《れいしょ》・楷書・行書・草書」の五つの書体があります。これらはいずれも共通の文字から生まれながら、時代や地域、また、使用される目的などによってその形態を変化させていったものです。秦《しん》の始皇帝が民衆の統治を強化するために制定した「小篆《しょうてん》」という書体もありますが、多くは社会の中で使われていくうちに、自然に様式が生まれ、固まっていきました。

いま日本で日常的に目にする漢字は「楷書」です。履歴書には字画を省略していない楷書で書くことが求められますし、印刷物で使用されるフォントも基本的には楷書です。

書体の変遷と対応する時代を示してみると、おおむね次のようになっています。行書や草書は楷書を崩したものと考えられがちですが、実は楷書は、最後に完成したものです。

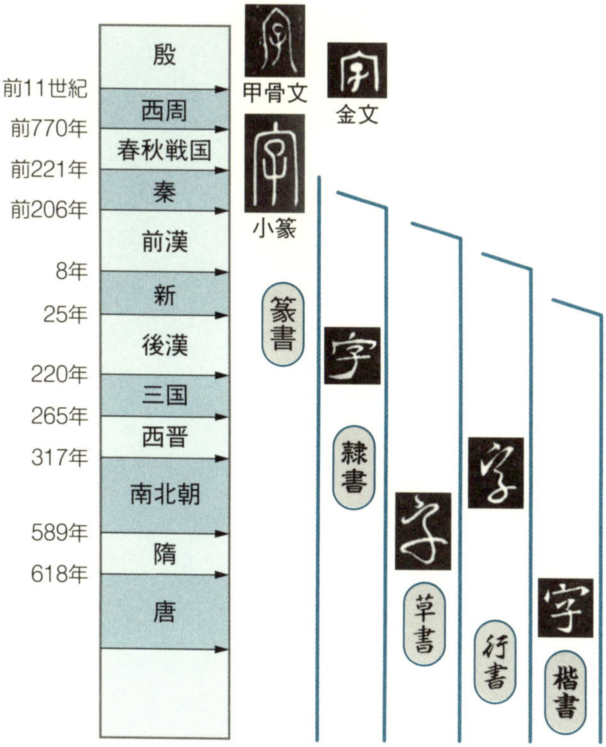

書体の変遷

■篆書《てんしょ》①「甲骨文・金文」

甲骨文

すでに見てきたように、確認されている最も古い書体は殷《いん》代からの「甲骨文」で、その次が周《しゅう》代に多く鋳造された「金文」です。

「篆書《てんしょ》」という呼称が指し示す書体の幅は大きく、この甲骨文・金文に加え、「大篆《だいてん》」や「小《しょう》篆《てん》」などの、のちの時代に各地で使われた書体も含めて「篆書《てんしょ》」と総称しています。隷書《れいしょ》の誕生以前の、おおむね紀元前の文字が篆書《てんしょ》です。

甲骨文・金文は、原始的な書体のため形が定まっておらず、時代や地域、製作者によって書体がかなり異なります。また、甲骨文は骨に刻していたのに対して、金文は青銅器を作る際に粘土で型を形成するので、より複雑で絵画に似た形態まで自在に鋳造できます。

当時実際に使われていた漢字の本当の姿は、金文に近いかもしれません。

■篆書《てんしょ》②「大篆《だいてん》」

また、春秋戦国時代（前770～前221年）になると、古代的な身分制度が崩れ、経済活動が盛んになります。孔子《こうし》（前551～前479年）や孟子《もうし》（前372～前289年）などに代表されるような知識層が増大し、多くの書物が書かれるようになるとともに、周《しゅう》の支配が弱まり、地方豪族による都市国家が形成されました。群雄が割拠すると、文字の面でも各地で、「科斗文《かとぶん》」や「籀文《ちゅうぶん》」など、異なったスタイルの書体がばらばらに用いられるようになりました。

石鼓文

「籀文《ちゅうぶん》」は後漢の許慎《きょしん》による『説文解字《せつもんかいじ》』の中に残されていて、これは周《しゅう》の太史籀《たいしちゅう》という人が作成したとされ、「大篆《だいてん》」とも呼ばれます。この大篆《だいてん》の文字として特に有名なのは、戦国時代の秦《しん》で作られたと考えられている上図の「石鼓文《せっこぶん》」です。中国の石に彫られた文字資料としては最古のもので、現在は北京故宮博物院に展示されています。内容としては、狩猟の様子を描いた詩が刻まれていて、当時の王族の日常に関する資料として貴重です。

■篆書《てんしょ》③「小篆《しょうてん》」

前221年、秦《しん》（前778～前206年）の始皇帝が中国史上で初めて全国を統一しました。その際に、度量衡《どりょうこう》や通貨、車の車輪の幅などを統一すると同時に、国内に多様な書体の文字があっては統治に支障をきたすので、全国に通用する字体を制定しました。

これが「小篆《しょうてん》」と呼ばれる書体です。大篆《だいてん》に比較するとスラッとした縦長で、左右対称性が強調され、柔らかく均一な太さの線で、より洗練された様式美を示しています。篆書《てんしょ》の『説文解字《せつもんかいじ》』の親字にも、この「小篆《しょうてん》」が用いられています。小篆《しょうてん》で彫られた石刻では、始皇帝の業績を褒め称えた内容の「始皇七刻石《しこうしちこくせき》」が知られています。右図はその中の一つ、「泰山刻石《たいざんこくせき》」です。

泰山刻石

■隷書《れいしょ》

秦《しん》の支配は15年足らずで終わり、前漢の時代（前206～8年）になると秦《しん》よりもいっそう支配体制が確立し、全国的に官僚組織がいきわたりました。行政の末端に至るまで、字が読めて書ける者が当たらなければ業務が遂行できない時代になってきました。しかし従来の小篆《しょうてん》は装飾的で繁雑に過ぎ、事務処理には適していなかったため、より簡略化して早書きに向いた書体に改められていきました。このようにして生まれたのが「隷書《れいしょ》」です。

右図は後漢（25～220年）の時代に建てられた「曹全碑《ぞうぜんひ》」です。篆書《てんしょ》が縦に長い長方形型だったのに比べ、隷書《れいしょ》は逆に横長で、また、流れるような波のある線で文字が構成されています。大きな右払いは「波磔《はたく》」と呼ばれ、“一文字の中で一か所にだけあらわれる”というルールが、自然と出来上がってきました。隷書《れいしょ》がこのような特徴をもつようになった背景には、文字が木簡などに筆書きされることが多くなり、縦に木目がある木簡に書きやすいスタイルが求められたことがあるようです。

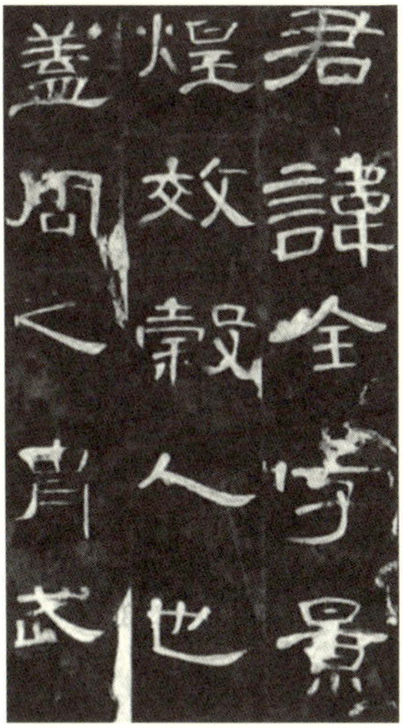

曹全碑

隷書《れいしょ》の「隷」は「役人」の意味です。当時は、なまじっか儒教など学問を積むよりも、「隷書《れいしょ》」を書くのに巧みになったほうが出世の早道ともいわれました。後漢の時代に書かれた歴史書『漢書《かんじょ》』（貢禹伝《こううでん》）の中にも、「何ぞ礼儀を以て為さん、史書にして仕官《しかん》す（どうして儒家としての礼儀などを修めることがありましょうか、隷書《れいしょ》さえものにすれば仕官できるのに）」という記述が見られます。また、後漢末から三国時代（220～280年）になると、隷書《れいしょ》に巧みな書家が登場するようにもなります。

秦《しん》の始皇帝が小篆《しょうてん》を全国通用の文字に制定したのを、第１次文字改革とすれば、事務処理の効率を上げるために簡略化していった隷書《れいしょ》は、第２次文字改革といっても過言ではないでしょう。しかもこの隷書《れいしょ》は皇帝の命令によって作られたものではなく、直接業務にたずさわる下級官吏によって次々と簡略化され、あっという間に広汎に伝わったことは、西アジアの砂漠に埋もれた漢代の前線基地の居延《きょえん》から発見された１万点以上に達する木簡（「居延漢簡《きょえんかんかん》」）の文字が、隷書《れいしょ》のスタイルで書かれていたことによってもうかがうことができます。

■草書

イギリス人の探検家、オーレル・スタインが発掘した「敦《とん》煌漢簡《こうかんかん》」や、右図の楼蘭《ろうらん》で発見された残紙などを見ると、隷書《れいしょ》をさらに崩した字が混在していて、ここに「草書」の源流が見て取れます。

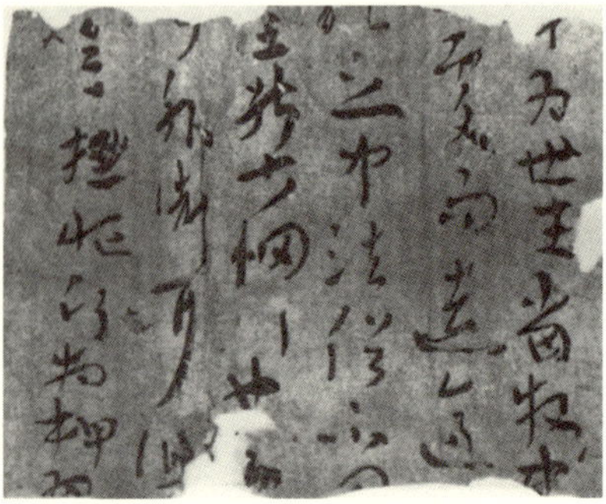
楼蘭出土の残紙

このように漢代の木簡などの中には、隷書《れいしょ》の中に崩した字が混在していますが、それを「草隷《そうれい》」と呼び、やがて草書のスタイルが確立します。

草書は、速く書くことができるように字画が大幅に省略され、独特の字の崩し方を覚えないと読み書きが困難です。また、何通りもの崩し方があるのも草書の特徴です。

草書の「草」とは、中国語の「草率（おざなり）」からきています。

■行書

行書は草書に遅れて後漢末に起こりました。楷書をやや崩した程度の、草書にまでは至らない中間的な書体で、巷で盛んに書かれたので「行書」と呼ばれるようになったようです。

筆画に流れや連続性がありますが、楷書と大幅に字形が異なることはないので、楷書を知っていれば読むことは可能です。

右図は、東晋《とうしん》の王羲之《おうぎし》（303～361年）が書いた「蘭亭序《らんていじょ》」です。“書聖”とも呼ばれる王羲之《おうぎし》が、別荘に友人を招いて曲水の宴を開き、そこで作られた詩集の序文の草稿です。

書道史上でも一番有名な行書といってよいでしょう。

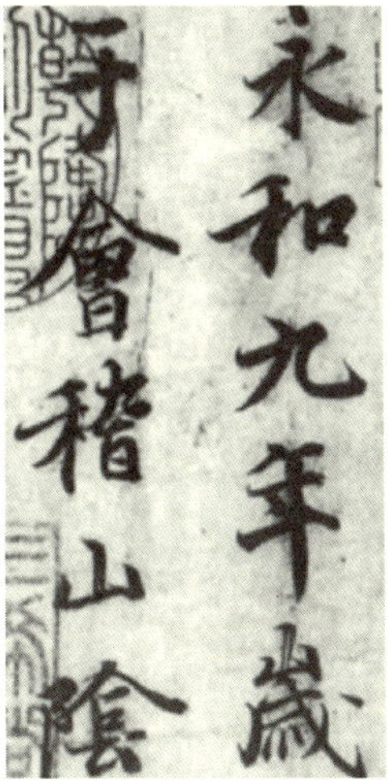

蘭亭序

■楷書

業務を効率よく処理するために作られたのが隷書《れいしょ》ですが、後漢末、それがさらに直線的な筆画で構成されるようになったのが楷書です。「篆《てん》・隷《れい》・楷・行・草」の五体の中では最も遅くに成立した書体と考えられています。

一点一画を正確に書き、全体として縦長でも横長でもなく、正方形の形にまとめられるのが特徴です。

一画一画を連続させず、また、始筆・運筆・終筆を「トン・スー・トン」というように運びます。漢末・三国時代ごろに芽ばえ、初唐に至って最も発達しました。

右図は、楷書が最も洗練された時期に書かれた、欧陽詢《おうようじゅん》（557～641年）の「九成宮醴泉銘《きゅうせいきゅうれいせんのめい》」です。楷書の様式美が完成しており、“楷法の極則”とまで称えられています。

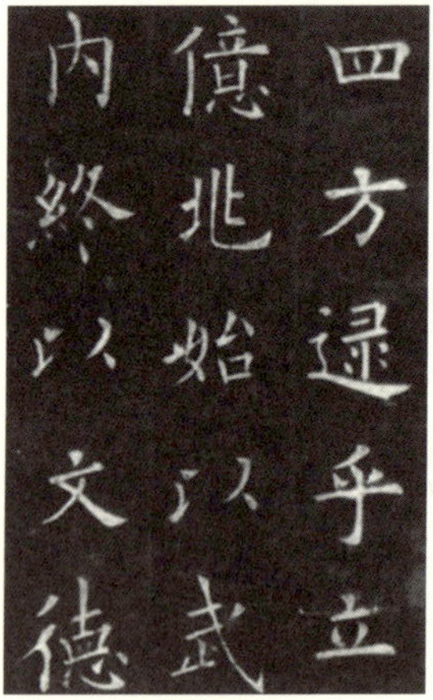
九成宮醴泉銘

4 字典の編纂

■増えていく漢字

漢字は表意文字という特質をもつため、社会が複雑になり、新しい事物が人々の関心の対象となるたびに、新しい漢字が創造され、数が増えていきました。当然、その整理のために字書（字典）が求められてきます。

字書として、何を差しおいてもまず名前が挙げられるのは、後漢の時代の許慎《きょしん》（58?～147?年）が著した『説文解字《せつもんかいじ》』です。『説文』は近現代まで漢字研究の“聖典”とされ、その中に書かれている説は絶対的な定説とされてきました。追随者によって多数の注釈書が書かれており、一つの学問分野を作っています。しかし最近では、甲骨文などの新たな研究成果によって、誤りについて指摘されているのも事実です。

また、『説文』以外の字書『玉篇《ぎょくへん》』や、部首でなく音韻で整理された字書である『韻書』、『説文』以来の最大の成果である『康熙字典《こうきじてん》』や、日本で編纂された諸橋轍次《もろはしてつじ》の『大漢和辞典』も紹介します。

■許慎の『説文解字』

秦《しん》の始皇帝が定めた小篆《しょうてん》にもとづいて、総計9353字を

540部の部首に分類し、それぞれの文字の「形・義・音」を説明した最初の字書です。その説明には許慎《きょしん》が生きた後漢の時代の意味に拠ったところもありますが、古い意味を伝えているものも多く、また籀文《ちゅうぶん》なども1163字収載し、文字研究の最も基本的な資料です。部首別による文字の分類法は、のちのあらゆる字書の規範になっただけでなく、漢字に対する考え方に決定的な影響を与えました。普通『説文』と略称されています。

なお、許慎《きょしん》は汝南《じょなん》の召陵《しょうりょう》（いまの河南省郾城《えんじょう》）の人、字《あざな》は叔《じょ》重《じゅう》。天文・暦法に通じた古典学者の賈逵《かき》（30～101年）に師事し、広く経籍に通じ、「五経は許叔重《きょじょじゅう》に双《なら》ぶもの無し」と評されました。許慎《きょしん》が『説文』の稿を起こしたのが100年（永元12年）、脱稿して安帝に進上したのが121年（建光元年）です。つまりその完成には22年の歳月がかかりました。『説《せつ》文解字《もんかいじ》』のほかに『五経異義《ごきょういぎ》』という本を書きましたが、現代には伝わっていません。清の陳寿祺《ちんじゅき》が彙集《いしゅう》して『五経異義《ごきょういぎ》疏証《そしょう》』を作りました。

■大徐本『説文解字』

『説文解字《せつもんかいじ》』が完成したのは121年ですが、そののち数百年にわたって伝写されていくうち、錯誤遺脱が生じてきたために、北宋の太宗（位976～997年）は986年（雍熙《ようき》3年）、徐鉉《じょげん》（917～992年）などに命じて校訂をさせました。それが“大徐本”といわれるもので、現行の『説文解字《せつもんかいじ》』といえばこの大徐本のことです。許慎《きょしん》が残したそのままの文章は現在残されていません。

ちなみに、徐鉉《じょげん》の弟の徐鍇《じょかい》（921～975年）が『説文繋伝《せつもんけいでん》』を著しています。これも“小徐本”として有名です。

■『説文』の四大注釈書

『説文』に関する研究書は膨大な数にのぼりますが、その中でも特に研究の基本に据えられる「四大注釈書」と呼ばれるものをご紹介します。

◎『説文解字段氏注』段玉裁《だんぎょくさい》（1735～1815年）

普通『段注説文』と略称されています。『説文』の注釈の中で最も優れたもので、『説文』といえば、この『段注説文』にもとづいて読まれているといっても過言ではありません。

段玉裁《だんぎょくさい》の生きた時代にはまだ甲骨文は発見されていませんでしたが、彼のきわめて合理的な思考にもとづく推論は、甲骨文発見ののちの研究成果によって、正しいものであったことがしばしば立証されています。古典の文献の研究に心血をそそぎ、『包経堂《ほうきょうどう》集《しゅう》』の著作のある盧文弨《ろぶんしょう》（1717～1795年）は、「『説文』ありてより以来、未だこの書より善きも

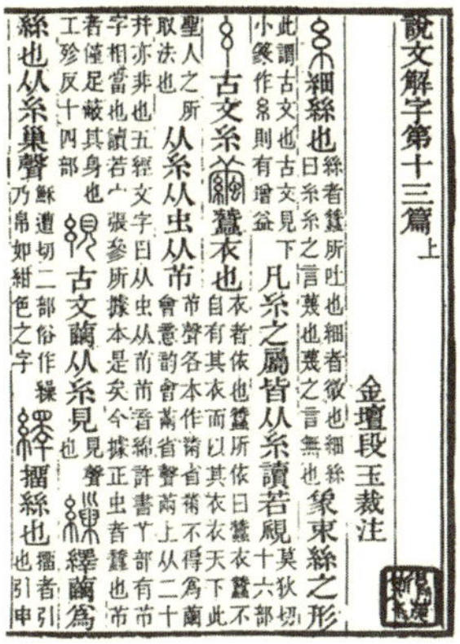
説文解字第十三篇　上
金壇段玉裁注
細絲也 絲者蠶所吐也細者微也細絲 曰糸糸之言蔑也蔑之言無也 象束絲之形
此謂古文也古文見下 小篆作糸則有增益 凡糸之屬皆从糸讀若覛 莫狄切 十六部
古文糸 蠶衣也 衣者依也蠶所依曰蠶衣蠶不 自有其衣而以其衣衣天下此
聖人之所 取法也 从糸从虫从芇 芇聲各本作𦬁省𦬁不得爲藺 會意韵會萬省聲萬上从二十
并亦非也五經文字曰从虫从芇芇音綿許書廾部有芇 字相當也讀若宀張參所據本是矣今據正虫者蠶也芇
者僅足蔽其身也 工珍反十四部 古文繭从糸見 見聲 也 繹繭爲
絲也从糸巢聲 穌遭切二部俗作繰 乃帛如紺色之字 抽絲也 抽者引 也引申

説文解字段氏注

の有らざるなり」とまで『段注説文』に嘆賞しています。

◎『説文通訓定声《ていせい》』朱駿声《しゅしゅんせい》（1788～1858年）

許慎《きょしん》の部首による分類をばらばらにし、改めて上古音（周《しゅう》代・漢代ころの音韻体系）によって再編成したもので、朱駿声《しゅしゅんせい》の独創による字書です。“言葉”は文字以前からあり、語のもつ“音”に意味があるという考え方のもと、1237の声母（語頭の子音）に分類し、それをさらに18部に分け、同系統の語をそれぞれにまとめたものです。

字形ではなく“声”によって漢字の意味を尋ねようとするには必備の字書で、この字書の評価は今後研究者の間でますます高まっていくと思われます。

◎『説文解字義証』桂馥《けいふく》（1736～1805年）

桂馥《けいふく》は古典の研究に没頭し、その成果を『説文』に反映させた人です。文字ごとに多くの古典を引用して語の多義性を示し、さらに殷《いん》代・周《しゅう》代の金文まで参照しています。

また“大徐本”と“小徐本”の誤りを正し、『玉篇《ぎょくへん》』『広韻《こういん》』などによって訂正を加え、古籍から異体字などを広くさがしもとめ、説文注釈書の主著といわれています。

◎『説文句読』王筠《おういん》（1784～1854年）

厳可均《げんかきん》・桂馥《けいふく》など諸家の学説を集めて分析し、後人のために『説文』研究の方法を示した書です。

■『玉篇』

『説文解字《せつもんかいじ》』以来の大きな字典としてよく知られるのが、南北朝時代、梁《りょう》の顧野王《こやおう》（519～581年）が『説文』の部首別の体例にならって編んだ漢字字典である『玉篇《ぎょくへん》』です。

『玉篇《ぎょくへん》』は543年（大同9年）に成立しました。全30巻で、部首を『説文』の540部より多い542部とし、1万6917字を収録していました。『説文』の2倍弱の数です。この書が編纂されて間もなく、梁《りょう》の蕭愷《しょうがい》らがこの書を繁雑だとして、文章を直して世に出しました。さらに唐の高宗の時代（674年）に、孫強《そんきょう》により増字したものが作られました（「上元本」）。現行は、北宋代の1013年に陳彭年《ちんほうねん》らが上元本から増字したもので、収録文字数は2万8989字にのぼっています。

政治家で学者・文人でもあった黎庶昌《れいしょしょう》（1837～1897年）が全権大使として日本にいたとき、近江の石山寺、京都の高山寺、奈良の東大寺などに『玉篇《ぎょくへん》』の写本の残巻があるのを見て、それらを蕭愷《しょうがい》らが改変する以前の『玉篇《ぎょくへん》』と断定しました。これを「原本玉篇」といいます。その解説は長く充実した内容で、用例も豊富なさまが見て取れます。

■韻書

『説文解字《せつもんかいじ》』以降、これまで紹介してきた字書はみな部首別に分類がなされたものでした。「韻書《いんしょ》」とは聞きなれない言葉かもしれませんが、漢字をその韻《いん》によって分類した字書です。なぜこのような字書が必要になったかというと、作詩などの際に「押韻《おういん》（韻《いん》を踏むこと）」を確かめなければならず、そのために発音で分類された字書が求められたのです。

『唐韻《とういん》』は、唐の孫愐《そんめん》が、隋《ずい》の陸法言《りくほうげん》の撰した『切韻《せついん》』に増字したものですが、北宋の真宗は陳彭年《ちんほうねん》に命じて『唐韻《とういん》』をさらに上回るものを編纂させました。1008年に完成すると、『大宋重修広韻《だいそうじゅうしゅうこういん》』という書名を賜り、『広韻《こういん》』と略称されました。今日、『切韻《せついん》』も『唐韻《とういん》』もその完本がありませんので、この『広韻《こういん》』が最も古い韻書《いんしょ》です。『広韻《こういん》』は韻《いん》を206韻《いん》に分けて文字を配列し、字ごとに音を示し、意味を略記したもので、所収の字は２万6194字です。

『集韻《しゅういん》』は、北宋の丁度《ていたく》が仁宗（位1022～1062年）の詔を奉じて撰したのですが、生存中に完成しなかったので、歴史家として有名な司馬光《しばこう》（1019～1086年）がそのあとを継ぎ、1067年に完成しました。平声が４巻、上声・去声・入声がそれぞれ２巻、所収の字数は３万3525字です。

■『康熙字典』

清代（1644～1912年）の康熙《こうき》帝の勅撰によって、後漢・許慎《きょしん》の『説文解字《せつもんかいじ》』以降、漢字字典の集大成として編纂されたのが『康熙字典《こうきじてん》』でした。編者は張玉書《ちょうぎょくしょ》、陳廷敬《ちんていけい》をはじめとする30名で、６年間の時間を経て1716年（康熙《こうき》55年）に完成しました。全42巻です。

収録文字数はなんと４万9030字にのぼり、その字音と字義を解説しています。現代に至るまで漢字辞典としての信頼が高く、ユニコード(Unicode)などの文字コード作成にも『康熙字典《こうきじてん》』が参考にされています。

『康熙字典《こうきじてん》』は『説文解字《せつもんかいじ》』の1600年後に編纂されたもので、その収録語数は約5倍にも増えています。それは中国文明の中で、時代とともに漢字が生まれ、漢字の世界がいかに豊穣になっていったかの過程を示しているといってよいでしょう。

■『大漢和辞典』(諸橋大漢和)

大修館書店から刊行されている本邦最大の漢和辞典です。出版社によれば「親文字5万余字、熟語53万余語を収録した世界最大の漢和辞典」とのこと。諸橋轍次《もろはしてつじ》(1883〜1982年)を代表とし、『康熙字典《こうきじてん》』の編集期間をはるかに上回る数十年に及ぶ歳月が費やされました。当初の企画がもち上がった1925年から、補巻が刊行された2000年までと考えれば実に75年、人の一生にも及ぶ時間です。

親文字の数は4万9964字。「詩経《しきょう》」「論語《ろんご》」「孟子《もうし》」「老子《ろうし》」「荘子《そうし》」など古今の書物から収集した膨大な数の熟語のほか、篆書《てんしょ》の字例が1万、日本の字典にはほかにない「四角号碼《しかくごうま》索引」(次ページ参照)などを有しています。『康熙字典《こうきじてん》』同様、文字コードの策定に際して参考となりました。内容の充実も含めて、最大の漢字辞典と評価をする人は、日本国内のみならず、海外でも少なくありません。

コラム

四《し》角《かく》号《ごう》碼《ま》索引

漢和辞典にはどのような「索引」があるかご存じでしょうか？　漢字の読み方で調べる「音訓索引」、部首から引く「部首索引」、また総画数で引く「総画索引」、日本人が漢字を調べる際、おおむねこの三つの索引で事足ります。しかし、読みも部首も画数もわからない場合には、なにから手をつければいいのでしょうか？　純粋に漢字の“四隅の字画の形”に対応する番号によって分類しようとする索引が「四《し》角《かく》号《ごう》碼《ま》索引」です。

四《し》角《かく》号《ごう》碼《ま》索引をごくごく簡単に紹介すれば、以下のようになります。①漢字の筆画を10種類の要素に分類して0～9の番号を割り当てる（ナベブタは0、横画は1、縦画は2、点は3、画の交差は4、一画が他の二画を貫けば5、四隅がそろった方形は6、カドを作っていれば7、八の字に近いものなら8、小の字に近いものなら9）、②左上→右上→左下→右下の順に番号を並べて4桁のコードにする（必ずしも漢字の四隅に画があるわけではないので細則があります）、③右下隅のすぐ上にある画にも番号を振って5桁のコードにする、というものです。例えば、「元」には「10211」が付番されています。

実は、中国など外国の漢字字典には四《し》角《かく》号《ごう》碼《ま》索引はよく掲載されています。

5 六書

■「六書《りくしょ》」の諸説

ここで、漢字がそもそもどのように作られているのか、造字法の法則・原理について見てみましょう。みなさんの中には小学校や中学校で「六書《りくしょ》」という言葉を聞いたのを覚えている方もいると思います。

実はこの六書《りくしょ》という言葉、なにをもって六書《りくしょ》とするかで複数の説があるのです。

「六書《りくしょ》」という言葉の初出は、儒教の経書の一つである『周《しゅ》礼《らい》』（地官保氏篇）にあるものです。

養国子以道、乃教之六芸、一曰五礼、二曰六楽、
三曰五射、四曰五馭、五曰六書、六曰九数。

［国子を養ふに道を以てす、乃《すなわ》ち之に六芸《りくげい》を教ふ、…五に曰く、六書と、…。］

国子《こくし》（大臣や貴族の子ども）が修めなければならない六芸の一つに位置づけられています。それがどのようなことを指すのか具体的にはわかりませんが、『周礼《しゅらい》』に鄭玄《じょうげん》（127～200年）がつけた注には、「象形・会意・転注・処事・仮借《かしゃ》・諧声《かいせい》」のことだとしています。

『周礼《しゅらい》』という書物は儒教の経典の一つです。周王朝の政治制度を記したもので、漢の武帝《ぶてい》が儒教を国教に据えるにあたって整備されたものですが、古い姿をとどめていることはたしかです。また鄭玄《じょうげん》は許慎《きょしん》よりもほぼ半世紀後の人ですから、許慎《きょしん》の『説文』にならって、

指事・象形・形声・会意・転注・仮借

としてもよかったはずです。それを鄭玄《じょうげん》が前記のように注記したということは、古くから伝承されてきたことの証左ではないかと思われます。また『漢書』芸文志・六芸略には、

象形・象事・象意・象声・転注・仮借

とあります。『漢書』六芸略は、前漢の劉向《りゅうこう》とその息子が作った宮中の図書目録・解題の『七略』から収めたものですから、その記載も、少なくとも『七略』がまとめられた時代の称呼と考えてよいと思います。

以上を整理して記録者の年代順に並べてみますと、

「六芸略」………象形／象事／象意／象声／転注／仮借
許慎《きょしん》『説文』……象形／指事／会意／形声／転注／仮借
『周礼』鄭注《じょうちゅう》……象形／処事／会意／諧声／転注／仮借

ということになります。

■許慎の示した「六書」

諸々の説がありますが、「象形」「転注」「仮借《かしゃ》」が上の三書に共通していることがわかります。残念なことに、『説文』以外には、それぞれの名称についての具体的な説明がなされていないので、詳しいことはわかりませんが、「転注」「仮借《かしゃ》」

は漢字の使用法についての分類ですのでしばらくおくとして、「象形」が共通していることは、漢字が「形に象《かたど》る」もの、つまり絵画から出発し、その絵画的要素をとどめていることを特質として認識していたことの表れです。

六書《りくしょ》の名称はそれ以前から伝えられた名称である可能性がきわめて高いと思われますが、一つひとつの意味を明らかにし、例語まで示したのは許愼《きょしん》だけです。以下に許愼《きょしん》の示した例語をもとにしながら、“六書《りくしょ》”について見てみましょう。

はじめに、「象形・指事・会意・形声」は漢字の“構成法”についての名称であること、「転注・仮借《かしゃ》」は漢字の“使用法”であることを確認しておきます。

■象形文字

事物の形を描いて簡略化した絵から出発した文字です。許《きょ》愼《しん》は「日・月」を例示しています。以下は「日」と「月」の古代文字です（左二つが金文。右二つが甲骨文）。

日

月

一見して、太陽と月そのものを描いているとわかります。特に満ち欠けする「月」は、満月では「日」と区別がつかなくなってしまうので、三日月に近いような時期の月をかた

どっています。

実は象形文字は数が少なく、『説文解字《せつもんかいじ》』の中でもわずか360字程度とされています。漢字はもともと象形から始まったものが多いのですが、その多くは意符（意味を表す形）と音符（音を表す形）の組み合わせによって合成して生まれたのです。象形文字には、ほかに「木・人・羊」など単純な自然物が多くあります。

■指事《しじ》文字

絵画では表すことのできないような抽象的な概念を、筆画の位置関係で指し示す文字です。

許慎《きょしん》は指事文字として「上・下」を例示しています。下に挙げたのは「上・下」の甲骨文です。横棒の上と下に目印をつけて、そのものの位置を指し示しています。

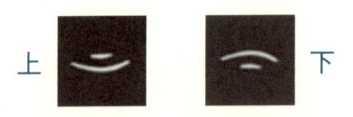

上   下

横の棒が湾曲しているのがおわかりでしょう。甲骨文の場合、固い骨に刻するわけですから、曲線よりも直線のほうがよほど刻みやすいはずです。それをわざわざ湾曲して画いたということは、「上」と「下」を指示したということだけでなく、それ以上の意味が込められていると想像できます。

一見して、「上」は皿の上にモノが載っている形、「下」はその逆で、皿のモノをひっくり返している形のように見えます。皿の上の食べ物は特別なもの、おそらく祖廟《そびょう》（祖先神を祀《まつ》った神聖な建物）に捧げられたものだったと思われます。「上」の甲骨文は「肉を載せた皿」で、それを祖廟《そびょう》に進めることであるならば、「下」はそれを取り下げることでしょう。とすれば、「上」が「たてまつる、進上する」の意味で用いられ、「下」が「くだされる、下賜《かし》される」の意味で用いられるようになったことが理解されます。

少なくとも「上」は湾曲したモノの上に何かを載せた形で、「下」は何ものかをひっくり返した形、あるいは覆った形です。このように見ると、「上・下」はもともと象形文字であったのが、指事文字に転化したということになります。

指事文字の例としてはほかに「本・末」などがあります。ともに「木」を基準として位置関係を示し、「本」は木の根本のことで、「末」は木の先っぽの意味です。

■ 会意《かいい》文字

会意文字は象形文字と指事文字を組み合わせた文字です。合成された新しい字は、もとの字のいずれからも意味を取りますが、音を取ることはありません。許慎《きょしん》は「武」の字を例示して、

楚荘王曰、夫武定功戢兵故止戈為武。

[楚の荘王曰く、夫《そ》れ武は功を定め兵を戢《おさ》む、故に戈《ほこ》を止《とど》むるを武と為す。]

といっています。「武」字を「戈」と「止」に分解して、戈《ほこ》

などの武器を行使しないことが「武」だというのです。

この解釈がもとにしているのは、『春秋左氏伝《しゅんじゅうさしでん》』（前597年）の中にある故事で、楚《そ》の荘王の家臣が、晋《しん》の国と戦って勝った記念として晋《しん》軍の死骸を集めて築山を築き、標識を建てたらいかがでしょう、といったことに対して、楚《そ》の荘王が次のようにいった言葉です。

楚子曰、非爾所知也。夫文、止戈為武。…夫武、禁暴、戢兵、保大、定功、安民、和衆、豊財者也。

［楚子（楚の荘王）曰く、爾《なんじ》の知る所にあらざるなり（おまえにはわかっておらんのだ）。夫《こ》れ文《ぶん》（文字）に、戈《ほこ》を止《とど》むるを武と為す。…夫《こ》れ武は、暴を禁《とど》め（乱暴者をおさえ）、兵を戢《おさ》め（武器を使うことをやめ）、大を保ち（国を保ち）、功を定め（家臣の功績を定め）、民を安んじ、衆を和《やわ》らげ、財を豊かにする者なり、と。］

この「武」字を「戈を止める」とする見方はよほど人気があるらしく、この後も使用例がありますが、「武」字の原義（もともとの意味）からすれば間違った解釈です。「止」という字は甲骨文では「足の親指」で、「歩」の甲骨文はそれを重ねたものだとわかります。「武」は、足は一つしか記されていませんが、「戈《ほこ》を持って歩く」ということが「武」になったと考えられるのです。

許慎《きょしん》の『説文』でも、甲骨文に照らし合わせて見ると誤りが見受けられます。「武」のように会意文字と解釈されているものの中には、実際の史料にあたると別の成り立ちをしているものも多いかもしれません。

また、日本の国字には、会意文字が多く見受けられます。

■形声《けいせい》文字

意符（意味を表す形）と、音符（音を表す形）を組み合わせた文字です。漢字の90％あまりは、この形声文字に分類されます。だいたいは偏《へん》が意符となり、旁《つくり》が音符です。許慎《きょしん》は形声文字として「江・河」を例示しています。

「江」という字は長江《ちょうこう》（下流を揚子江《ようすこう》といいます）のことです。『説文』に「从水工声（水に从《したが》ひ工の声）」とあるように、「水」が意符で「工」が音符の形声文字です。

「工」の字形を甲骨文・金文について見てみると「オノ（斧）」であることがわかります。また「工」は「巨（斧を柄に入れる矩形《くけい》の穴）」と通じているとして、大きな川＝大江（長江《ちょうこう》のこと）とする説もありますが、いまひとつピンとこないところがありませんか。

「江」は中国大陸をほぼ真っすぐに流れて海に注いでいる川です。「黄は九折す」といわれるように、黄河《こうが》が曲がりくねって流れているのに対して、長江《ちょうこう》の際立った特徴はその「真っすぐに流れている」ところにあるでしょう。「長江《ちょうこう》」の「長」は、もちろん「長い」という意味ですが、わたしたちは「長いモノ」といえば、「曲がっているモノ」よりも「真っすぐなモノ」を普通イメージします。

「江」とは、真っすぐに流れている川、ではないでしょうか。「工」の「斧」は、木を伐採したり、薪《まき》を割ったりするような、長い柄のついた斧《おの》だったのではないでしょうか。柄は曲がっていては危険です。真っすぐでなければなりません。「江」とは、斧《おの》の柄のように真っすぐに流れている川、と考えられます。つまり「工」は音を表しているとともに、意味をもっており、会意兼形声文字ということになります。

河は『説文』に「从水可声（水に从《したが》ひ可の声）」とあるように、「水」が意符で「可」が音符の形声文字です。甲骨文・金文・篆文《てんぶん》のどの字形を見ても「可」の部分は「屈曲」を表しています。すなわち、「可」は音を表しているとともに、意味をもっており、これもまた会意兼形声文字ということになります。

この「江・河」の二つの例でもわかるように、音符を示す「工・可」という旁《つくり》の部分にも意味があります。例えば、「枼」という字は、木の葉の象形文字で、のちに草冠をつけて「葉」の字が生まれましたが、この「枼」を含む字は、どれも「薄い・ペラペラしている」という意味を共通してもっています。「喋（しゃべること）」「牒（文書を記す薄い札）」「蝶（薄い羽根をもった虫）」などです。

■転注《てんちゅう》

転注とは、同一の文字がもとの意味を受けながら転化していくこととされています。造字法ではなく、漢字の使用法です。例えば、「專」という字は、もともと「右手で糸巻きを持っている形」ですが、その“握りしめている”という意味から“独り占めにする”という意味に転化しました。その転化した意味を、もとの意味（原義）から引き伸ばされた意味ということで、引伸義《いんしんぎ》（延長義）と呼んでいます。

許愼《きょしん》はこの転注について、「考・老」を例示していますが、実はこの説明が具体的でなく、「転注」の解釈には諸説がある状態です。

まず「老」について。許愼《きょしん》はこの字について、

老考也。七十曰老、从人毛匕。言須髪変白也。

凡老之属皆从老。

[老は考なり。七十を老と曰《い》ひ、人・毛・匕に从《したが》ふ。須髪《しゅはつ》の白きに変はるを言ふなり。凡《およ》そ老の属は皆老に从《したが》ふ。]

（老は考である。七十歳を老といい、人と毛髪と匕による合成。鬚や毛髪が白くなることをいう。老に属する字（耄耋耆など）は老の意味である。）

また、「考」については、

考老也。从老省丂声。

[考は老なり。老の省《せい》に从《したが》ひ丂《こう》の声。]

（考は老である。老を省略し、丂という音符を加えた字。）

といっています。

「老」という字は、甲骨文などの史料から探っていくと、「髪の長い背中の曲がった老人が杖をついて立っている形」をかたどった象形文字です。また、「考」は曲がっているという意味をもった「丂」という音で、「髪の長い背中の曲がっ

た老人」を表す会意兼形声文字です。漢字の造字法からいえば「老」は象形文字で、「考」は会意兼形声文字ですが、許《きょ》愼《しん》はその使用法からすれば「転注」となるとしました。それは今日の転注に対する一般的な解釈に立てば、「考」という字が老人の“思慮深さ”から派生して“考えること一般”に、「老」が老人の“立派さ”から派生して“経験を積んだもの一般”に、それぞれ意味が転化していったととらえることもできるからです。

しかし許愼《きょしん》の「老は考なり」「考は老なり」という言い方が気になります。「同じ部首で同じ意味をたがいに受けている」ということは、ここでは「老」と「考」という同一の部首をもった二つの語が同じ意味にあることをいったのかもしれません。つまり許愼《きょしん》は、同一部首内において同じような意味をもった語を転注の関係と見なしていた、とも考えられます。

■仮借《かしゃ》

仮借《かしゃ》とは、簡単にいえば、同音による当て字です。漢字はもともと絵画から発していますから、絵で表現できない事柄、形のないもの（例えば、色彩や方角、抽象的な概念など）については、その言葉と同じ音韻の文字を代わりに用いて表現するしかありません。

仮借《かしゃ》には非常に多くの用例がありますが、その一例として「樂（楽）」を見てみましょう。まず『説文』の解釈。

樂五声八音総名。象鼓鞞。木虡也。

[樂は五声八音の総名。鼓鞞《こへい》に象《かたど》る。木は虡《きょ》なり。]

(樂は音楽の総名。大太鼓・小太鼓に象《かたど》る。木は太鼓を設置するための柱。)

新しく出されている字書で、この解釈に拠っているものはほとんどないと思いますが、この字の原義が解明される以前は、だいたい許慎《きょしん》の説にもとづき、楽器のこととされていました。金文を示しましょう。

段玉裁《だんぎょくさい》は、許慎《きょしん》の説にもとづいて、真ん中の部分を「鼓」(大太鼓)、左右の部分を「鞞」(小太鼓)と見ました。許慎《きょしん》や段玉裁《だんぎょくさい》の説を待つまでもなく、「樂」という字についてわたしたちは「音楽」「楽しい」というようなイメージを思い描いています。右に掲げた金文の字形を見ても、いかにもそれらしいではありませんか。楽器とする説がずっと受け継がれてきたのもゆえなしとはいえません。

樂

ところがいまから三十数年前、水上静夫という研究者が新説を発表しました。「樂」は「櫟《くぬぎ》」の原字だというのです。この説を受けた藤堂明保《とうどうあきやす》によれば、金文に描かれている左右の部分は、木の上に繭《まゆ》のかかった様子を描き、中央部分はドングリの実を表しています。つまり「樂」という字は、ドングリの木(櫟)に繭《まゆ》がかかっている象形文字ということです。

『詩経《しきょう》』小雅の詩篇に以下のようなものあがあります。

籥舞笙鼓　(籥《やく》の舞　笙《しょう》と鼓)

樂既和奏　(樂は既に和し奏せらる)

祭祀《さいし》の宴で籥《やく》（笛）や笙《しょう》や太鼓にともなって、舞が祖先神に奉納される、その音楽はハーモニックに演奏される、という内容です。ここでは「樂」はドングリの木ではなく、まさに「音楽」の意味で用いられています。

しかし、「樂」が音楽に仮借《かしゃ》されたのは、時代をもっとさかのぼるだろうと思われます。それというのも、前600年前後の製作と推定されている青銅器の銘文に用例が見えるのです。「くぬぎに繭のかかっている様子」を表した象形文字は発音が「ガク」で、「音楽」を表す言葉の音声も偶然「ガク」で同じだったために当てはめられたのです。

「樂」を「楽しい」とするのは、「樂（くぬぎ）」を仮借《かしゃ》して「音楽」の意味になった「樂」からの、さらに転注です。図示すると、

「くぬぎ」ー（仮借）→「音楽」ー（転注）→「樂しい」

と転化していったのです。このように「樂」が音楽・快楽の意味に仮借《かしゃ》・転注して用いられたために、「くぬぎ」を表す文字を作らなければならなくなりました。それによってできた文字が「櫟」です。この「櫟」という文字はすでに金文にあります。このことによっても「樂（くぬぎ）」が音楽・快楽の意味に転化していったのが、きわめて古い時代であったことがわかります。

■漢字の増え方

「樂」の字の音楽という意味は、同音の「くぬぎ」を表す文字からの転用によって生まれたものでした。「籥《やく》」という楽器など、具体的な形のあるものについては文字がありながら、わたしたちがいま使っている「音楽」という抽象的なことを示す文字は作りえなかったのです。音声による言葉はあっても、それが物象を表すものでなければ、それを直接示した文字を作ることができない。象形文字のもつ、いかんともしがたい限界です。しかし漢字は、その限界をいともやすやすと超えてしまう性質をもっています。文字の一つひとつに音声が賦与されているからです。

『説文解字《せつもんかいじ》』には9353文字が収められています。『説文通《せつもんつう》訓定声《くんていせい》』の数え方に従えば、その中で象形文字は364文字で、全体のわずか４％弱、指事文字の125文字を加えても５％にしかすぎません。物象を直接表現する漢字はわずかに500文字足らずでも、「会意・形声」の造字法もさることながら、「転注・仮借《かしゃ》」の使用法によって、象形文字の限界性だけでなく、漢字そのもののもつ限界性を超えて、表現の世界を広げていったのです。

6

部　首

■部首で分ける意味

多くの漢字が「にんべん」や「しんにょう」など、いわゆる「部首」によってグループ分けができることは、漢字が生まれ作られていく段階で人々によく認知されていたと思います。漢字が共通認識を示すものである以上、その造字の仕方に一定のルールがあってしかるべきです。

許愼《きょしん》が『説文解字《せつもんかいじ》』という字典を編纂するにあたり、部首によって分類したのは、漢字の造字に対する人々の共通の認識が前提にあったもので、許愼《きょしん》の独創的なアイデアではなかったと思えます。

漢字について調べる目的は、たいていは“意味”と“音”の二つです。「なんという意味だろう？」「なんと発音するんだろう？」ということです。

日本人が国語辞典や英和辞典などを引く場合は、アクセントを確認するケースもあるでしょうが、ほとんどの場合は“意味”を調べるためでしょう。日本語や英語なら、“音”は「あいうえお」や「ABC」でわかっています。しかし漢字はそうではありません。多くの漢字には意味を示す「意符」と音を示す「音符」があります。

意味についていえば、漢字は絵画から出発して、その絵画的な要素をとどめている文字ですから、大まかなところがなんとなくわかるような気がしますが、発音は学習しなければわかりません。「青」の音は“セイ”、だから「清」も「精」も“セイ”と発音するであろうと容易に類推できますが、それもまた学習によるのです。

基本的にはなんと発音するのかわかりません。ですから、「あいうえお」や「アルファベット」のように、発音順で漢字の字書を作ることは不可能に近いのです。漢字の意味を調べる字書が部首によって分類されているのは、やはりそれが最も合理的な方法だからです。

■字典の部首の数

許慎《きょしん》は『説文解字《せつもんかいじ》』（121年成立）に収録した9353文字を540の部首に分類しましたが、1716年（康熙55年）に成立した『康熙字典《こうきじてん》』では214の部首に分類されています。いまわたしたちが使用している漢和辞典の部首数もほぼ『康熙字《こうきじ》典《てん》』にもとづいています。諸橋轍次《もろはしてつじ》『大漢和辞典』は215の部首、手もとの小さな漢字辞典では219の部首のものもありましたが、「月」と「肉づきの月」を統合したり、「さんずい」と「水」を分けたり、検索するのに便利なように工夫されています。このことは、これからも部首索引が、意味的分類から検索に便利な方向を視野に入れていくことを示唆していると思われます。

■部首の偏旁冠脚

部首の偏旁冠脚を図示すると次のようになります。

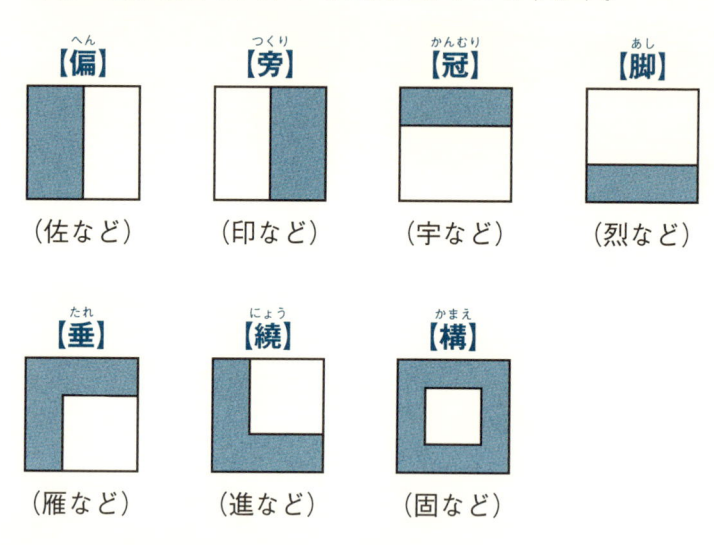

【偏《へん》】

（佐など）

【旁《つくり》】

（印など）

【冠《かんむり》】

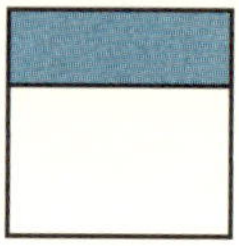

（宇など）

【脚《あし》】

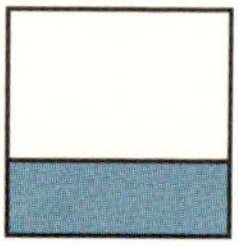

（烈など）

【垂《たれ》】

（雁など）

【繞《にょう》】

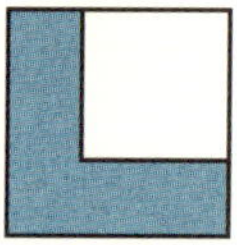

（進など）

【構《かまえ》】

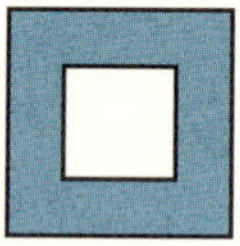

（固など）

■部首の名称

次ページ以降には部首をまとめました。覧例として挙げた語は、一つの部首に５～10字ぐらいにしました。現在通用している文字がほとんどないものもありますが、その場合はあまり見慣れない文字であるかもしれませんが、紹介しておきました。

部首一覧

1画	一	いち	弌 七 丁 下 上
	丨	たてぼう・ぼう	丫 个 中 串 丱
	丶	てん	之 丸 丹 主 丼
	丿	の	乃 久 及 乏 乗
	乙 乚	おつ・おつにょう・つりばり	九 乞 也 乱 乾
	亅	はねぼう	了 予 事
2画	二	に	于 云 五 井 亜
	亠	なべぶた・けいさんかんむり	亡 亢 京 亦 交
	人 亻 𠆢	ひと・にんべん・ひとがしら	化 介 今 以 令
	儿	ひとあし・にんにょう	兀 允 元 兄 光
	入	にゅう・いりがしら・いりやね	內(内の旧字) 全 兩 兪
	八	はち・はちがしら	公 六 共 兵 具
	冂	けいがまえ・まきがまえ・えんがまえ	円 内 冊 再 冑
	冖	わかんむり	冗 写 冠 冤 冢
	冫	にすい	冲 冴 冶 冷 冽
	几 𠘨	つくえ・きにょう・かぜがまえ・かぜかんむり	凡 処 凧 凰 凱
	凵	かんにょう・うけばこ	凶 凹 凸 出 画
	刀	かたな	刁 刃 切 分 初
	刂	りっとう	列 刎 判 別 前
	力	ちから	加 功 劣 助 努
	勹	つつみがまえ	勺 匂 勿 包 匆
	匕	さじ・さじのひ	化 北 旨 匙
	匚	はこがまえ	匠 匡 匣 匪 匱
	匸	かくしがまえ・けいがまえ	匹 区 医 匿 匾
	十	じゅう	千 午 半 卍 南
	卜	ぼく	卞 占 卡 卣 卦
	卩 㔾	ふしづくり	卯 印 卵 危 巻
	厂	がんだれ	厄 厓 厚 原 厭
	厶	む	厷 厺(去の本字) 去 参
	又	また	叉 及 友 反 収

3画

口	くちへん	古	句	叩	只	叫				
囗	くにがまえ	四	囚	因	回	団				
土	つち・つちへん・どへん	圧	圭	在	均	坐				
士	さむらい・さむらいかんむり	壬	壮	声	壳	壺				
夂 夊	すいにょう・ふゆがしら	変	麦	夏	夐	夔				
夕	ゆう・ゆうべ	外	夙	多	夜	夢				
大	だい・だいかんむり・だいがしら	太	天	夫	夭	央				
女	おんな・おんなへん	奴	好	妃	妄	妨				
子	こへん	孔	字	存	孝	学				
宀	うかんむり	安	宇	守	完	宋				
寸	すん	寺	寿	対	専	将				
小	しょう・しょうがしら・なおがしら	当	少	尖	尚	尓	党	尠		
尢 兀 尣	おうにょう・だいのまげあし・まげあし	尤	尯	尨	尫	就				
尸	しかばね・しかばねかんむり	尺	尼	局	届	居				
屮 屮	てつ・くさのめ・めばえ	屯								
山	やま・やまへん	屹	岐	岡	岩	岬				
巛 川	まがりがわ・かわ・さんぼんがわ	州	巡							
工	こう・たくみへん	左	巫	差						
己 巳 已	こ・き・おのれ	巴	巷	巽						
巾	はば・はばへん・きんべん	市	布	帆	希	帙	帖	帝	帰	常
干	かん・いちじゅう	平	年	幷	幸	幹				
幺	よう・いとがしら	幻	幼	幽	幾					
广	まだれ	庁	床	庇	庚	底	庖	庫	庶	
廴	えんにょう	延	廷	廻	建	廼				
廾	きょう・こまぬきにじゅうあし	弁	弄	弈	弊					
弋	よく・しきがまえ	式	弐	弑						
弓	ゆみ・ゆみへん	弔	弗	弟	弱	弼	彊			
彑 ヨ ⺕	けいがしら・いのこがしら	彖	彙	尹	彗	粛				
彡	さんづくり	形	彦	彩	彫	彬	彭			
彳	ぎょうにんべん	彷	徨	徘	徊	徳				
丷	そいち	並	兼	(前はリ部)						
忄	りっしんべん	忖	忸	怩	快	悩				
扌	てへん	抵	抗	折	把	握				
氵	さんずい　→水									

3画	犭	けものへん　→犬									
	⺾ 艸 ⺿	くさかんむり	艾	芋	芹	芙	蓉				
	⻌ ⻍ 辵	しんにゅう・しんにょう	巡	迅	速	送	迎				
	阝(右) 邑	おおざと	邸	郡	郊	郷	部	都	鄙	郭	郵
	阝(左) 阜	こざとへん	限	院	陥	降	除	陰	険	隅	陶
4画	心 忄	こころ・したごころ	忽	忝	怨	恭	恋	愛	悶	慕	慄
	戈	ほこ・ほこがまえ・ほこづくり	戎	成	我	戒	或	戚	戟	截	戲
	戸 戶	と・とだれ・とかんむり	戻	所	房	扁	扇	扉			
	支	しにょう・えだにょう・じゅうまた	攲								
	攵 攴	ぼくづくり・ぼくにょう・のぶん・とまた	攻	放	政	故	效				
	文	ぶん・ぶんにょう・ふみづくり	斌	斐	斑						
	斗	と・とます	料	斛	斜	斟	斡	斠			
	斤	おの・おのづくり	斥	斧	斬	断	斯	新			
	方	ほう・ほうへん・かたへん	旁	旅	旌	旋	族	旒	旗		
	无 旡	なし・むにょう・すでのつくり	既								
	日	ひへん・にちへん	暮	明	暗	早	晩	晨	星	暫	時
	曰	いわく・ひらび	曳	曲	更	書	曹	曼	最	曾	替
	月	つきへん	朗	朔	望	期	朝	朦	朧		
	月 肉	にくづき	肝	胆	肩	胛	股	肱	胚	胎	脂
	木	きへん	本	末	案	杏	李	果	樹		
	欠	あくび・けんづくり	次	欧	欣	欲	款	欺	欽	歌	歓
	止	とめる・とめへん	正	此	武	歩	歪	歳	歴		
	歹 歺	がつへん・かばねへん・いちた	死	歿	殀	殃	残	殊	殉	殞	殯
	殳	ほこづくり・るまた	殴	殺	段	殷	殻	殽	毀	殿	毅
	毋 母	なかれ・はは	毎	毒	毓						
	比	くらべる・ならびひ	毘	毚							
	毛	け	毟	毬	毫	毳	毯	氈	氅		
	氏	うじ	氏	民	氓						
	气	きがまえ	気	氛	氳						
	水 氵 氺	みず・さんずい・したみず	永	氷	漿	求	汀	汽	泰	滕	
	火	ひへん	灰	燼	炎	炊	爨				
	灬	れっか・れんが・よつてん	無	為	烹	焉	蒸				
	爪 爫	つめ・そうにょう・(つめかんむり)	爬	爰	爲	爵					
	父	ちち	爹	爺							

4画	爻	こう・めめ	爽	爾							
	爿 丬	しょうへん	牀	牂	牆						
	片	かた・かたへん	版	牋	牌	牒	牓	牖	牘		
	牙	きばへん	牚								
	牛 牜	うしへん	牡	牝	犠	牲	牽	犀	犇	犂	
	犬 犭	いぬ・けものへん	状	献	猷	獣	犯				
5画	玄	げん	率								
	玉 王	たま・たまへん・おうへん	珊	瑚	琳	琅	琥	珀			
	瓜	うり	瓠	瓢							
	瓦	かわら	瓮	瓷	瓶	甃	甑	甍	甕		
	甘	あまい	甚	甜							
	生	うまれる・いきる	産	甥	甦						
	用	もちいる	甫	甬							
	田	た・たへん	甲	申	由	男	町	畏	界	畜	略
	疋 𤴔	ひき・ひきへん	疏	（疎）	疑						
	疒	やまいだれ	疼	痛	疾	病	癇	癪			
	癶	はつがしら	癸	発	登						
	白	しろ	百	的	皆	皇	皎	皐	皙		
	皮	けがわ・ひのかわ	皰	皸	皺						
	皿	さら	盂	盆	益	盛	盗	盟	盥		
	目	め・めへん	直	看	県	省	盾	相	真	眷	睿
	矛	ほこへん・むのほこ	矜	矟							
	矢	やへん	知	矣	矧	矩	短	矮	矯		
	石	いしへん	研	磨	砂	礫	破	砕			
	示 礻	しめすへん	祭	祀	祝	社	貞				
	禸	じゅうのあし・ぐうのあし	禹	禺	禽						
	禾	のぎ・のぎへん	私	秀	禿	秉	科	秦	穀	稟	穎
	穴	あなかんむり	穹	空	穽	窃	穿	窄	窈	窕	窗
	立	たつへん	站	竚	竟	章	竣	竦	童	竪	竭
6画	竹	たけかんむり	竺	笈	笄	笏	符	節	筐	篋	策
	米	こめへん	粋	粉	粥	粟	粲				
	糸	いとへん	索	素	紫	累	纂				
	缶	ほとぎ・ほとぎへん	䍖	罐	罇	罌	罍				
	网 罒	よつがしら・あみがしら・あみめ	罠	罫	罪	置	羈				

6画	羊	ひつじ・ひつじへん	美 羞 着 義 群
	羽 羽	はね	羿 翁 翰 翳 翻
	耂	おいがしら・おいかんむり	考 耆 者 耄 耋
	而	しこうして	耏 耐
	耒	すきへん・らいすき	耕 耘 耗 耦 耨
	耳	みみ・みみへん	聖 聚 聟 聞 聳
	聿	いつ・ふでづくり	肄 肆 肅 肇
	肉 月	にく・にくづき　→ 月（肉）	
	臣	しん	臥 臧 臨
	自	じ・みずから	臭
	至	いたる・いたるへん	致 臺 臻
	臼	うす	舂 舅 興
	舌	した・したへん	舐
	舛	ます・まいあし	舜 舞
	舟	ふね・ふねへん	航 般 舷 舳 舫
	艮	こん・こんづくり・うしとら	良 艱
	色	いろ	艷
	虍	とらがしら・とらかんむり	虎 虐 虔 虚 虜
	虫	むし・むしへん	虱 蚕 螢 蛮 蜀
	血	ち	衆
	行	ぎょうがまえ・ゆきがまえ	衒 術 街 衝 衛
	衣 衤	ころも・ころもへん	衫 表 衾 衰 衷 襲
	襾 覀 西	おおいかんむり・かなめのかしら・にし	要 覃 覆 覈 覇
7画	見	みる	規 覓 覚 覡 覲
	角	つの・つのへん	觝 触 解 觴 觳
	言	げん・ごんべん	訇 詈 詹 警 讎
	谷	たに・たにへん	谺 豁 谿
	豆	まめ・まめへん	豈 豊 豎
	豕	いのこ・いのこへん・ぶた	象 豢 豪 豨 豳
	豸	むじな・むじなへん	豺 豹 貂 貌 貘
	貝	かい・かいへん・こがい	貪 貫 賞 贅 贋
	赤	あか	赦 赬
	走	はしる・そうにょう	赴 超 越 趙 趣
	足 𧾷	あし・あしへん	距 跋 跫 蹇 躄

7画	身	み・みへん	躬 躱 躰
	車	くるま・くるまへん	軍 載 輿 轡
	辛	しん・からい	辜 辞 辟 辣 辯
	辰	たつ・しんのたつ	辱 農
	邑 阝(右)	むら・おおざと　→ 阝(右) 邑	
	酉	さけへん・さけのとり・ひよみのとり	酋 酒 酎 醤 釁
	釆	のごめ・のごめへん	采 釈 釉
	里	さと・さとへん	重 野 量 釐
	麦 麥	むぎ・ばくにょう・むぎへん → 麥麦	
8画	金	かね・かねへん	釧 釜 銜 鑾 鑿
	長	ながい	現代に通行する文字はないので省略
	門	もん・もんがまえ・かどがまえ	閂 閃
	阜 阝(左)	おか・こざとへん　→ 阝(左) 阜	
	隶	たい・れいのつくり・れいづくり	隷
	隹	ふるとり	隼 雀 雁 雇 集 雅 雍 難
	雨	あめ・あめかんむり	雰 霊 靉 靆
	青 靑	あお	静 靚
	非	あらず	靡
	飠 飠 食	しょく・しょくへん　→ 食 飠 飠	
9画	面	めん・おもて	靦 靨
	革	かわへん・つくりがわ	靫 鞏 靴 鞦 韆
	韋	なめしがわ	韓 韜
	音	おと・おとへん	韶 韻 響
	頁	おおがい	頃 順 須 頒 顧 頼
	風	かぜ・かぜがまえ	颯 飄
	飛	とぶ	飜
	食 飠 飠	しょく・しょくへん	養 饕 餐 饗
	首	くび	馗 馘
	香	かおり	馥 馨
10画	馬	うま・うまへん	馮 馴 駕 騰 驚
	骨	ほね・ほねへん	骸 髀 髄
	高	たかい	現代に通行する文字がないので省略
	髟	かみかんむり・かみがしら	髪 髭 鬚 鬆
	鬥	とうがまえ・たたかいがまえ	鬦 鬧 鬨 鬩 鬪 鬮 鬫

10画	鬯	ちょう・においざけ	鬱
	鬲	れき・れきのかなえ	融 鬵 鬷 鬺 鬶 鬻
	鬼	おに・きにょう	魁 魂 魄 魅 醜 魑 魃 魍 魎
11画	魚	うお・うおへん・さかなへん・ぎょへん	魯 鯈
	鳥	とり・とりへん	鳩 鳧 鳲 (嶌→山部)
	鹵	ろ・しお	鹼 鹹 鹽 (塩の旧字体)
	鹿	しか	麋 麒 麟 麗 麝 (鏖→金)
	麥 麦	むぎ・ばくにょう・むぎへん	麩 麴 麳 麵
	麻	あさ・あさかんむり	麼 麿
12画	黃 黄	きいろ	黌
	黍	きび	黎 黐
	黑 黒	くろ	黔 默 黛 黴 (墨→土部)
	黹	ぬいとり・ふつへん	黻 黼
13画	黽	べんあし・かえる	黿 鼉 鼂 鼇
	鼎	かなえ	鼐
	鼓	つづみ	鼕 鼗 鼙
	鼠	ねずみ・ねずみへん	鼬 鼯 鼷 鼴
14画	鼻	はな・はなへん	鼾
	齊 斉	せい	齋 齎
15画	齒 歯	は・はへん	齔 齕 齟 齬 齷 齪 齧 齲 齠
16画	龍 竜	りゅう・たつ	龕 龔 龖
	龜 亀	かめ	鼈
17画	龠	やく・やくのふえ	龡 龣 龢 (和の古字)

7

則天文字

■女帝が作った17文字

秦《しん》の始皇帝は、地域によってさまざまに使われていた文字（古字）を統一し、「小篆《しょうてん》」という文字を使わせました。しかしこれは当時すでに通用した文字を整理したということで、始皇帝の“新たな創作”ではありません。

中国歴代の皇帝の中で、まったく新しい文字を制定したのは、後にも先にも則天武后《そくてんぶごう》（624～705年）だけです。「則天文字」とは、則天武后《そくてんぶごう》という中国史上ただ一人の女帝によって制定されたわずか17文字の漢字です。しかしその文字は皇帝が個人的に使ったものではなく、一般の民衆にも、そして遠く離れた朝鮮半島や日本でも使用されました。

武后《ぶごう》は皇帝の寵愛を受けて権力を握り、皇帝の死後は息子二人を帝位に就かせますが、思い通りにならないとなるとすぐに廃位、みずから皇帝となりました。

国号を唐から「周」に改め、家臣の貴族も粛清《しゅくせい》し恐怖政治を敷くなど、「中国三大悪女」の一人に数えられています。権力欲の強かった彼女は、漢字に手を加えることで力を示したかったのかもしれません。

晩年は衰弱し、退位した武后《ぶごう》はまもなく亡くなりました。

それと同時に則天文字も廃れ、現在では中国でもほとんど使用されていません。

しかしその造字に関しては、なにを考えてどのように文字を変えたのかという点で、注目すべきものがあります。

その17文字の中のいくつかについて、見ていきましょう。

■「天」の則天文字

則天文字の「天」は篆文《てんぶん》にもとづくものです。字形を見ても明らかなように、則天文字といっても厳密にいえば新しく作られたものではありません。

しかし「天」字を廃止して、その当時は通用の文字としてはまったく機能していなかった古代文字の使用を決定したということで、少し強引な感じはしますが「新しく制定した文字」（以後「新制文字」といっておきましょう）とはいえそうです。隷書《れいしょ》体にしたことで、荘重な雰囲気を醸し出そうとしたのでしょうか。

■「地」の則天文字

『玉篇《ぎょくへん》』や『龍龕手鑑《りゅうがんしゅかん》』などの字書に、「地」の古字として出ています。「古字」とはいいながら、則天文字であることは明らかです。

「地」は『説文解字《せつもんかいじ》』に「土に従ひ也（ち）の声」とあり、形声文字としていますが、「也」は「チ」という音を表す音符であるとともに、それは蛇の象形で、うねうねしているさまを表すので、「地」は、うねうねと続く土地のことで、会意兼形声文字ということになります。

見てのとおり、この字は「山」「水」「土」を合成した字です。「地」が空間的な広がりがあり、やや抽象的なイメージをもっているのに対して、視覚的で、きわめて具象的です。しかしこの字には音符がありませんので、「地」の代替で「チ」と発音することをあらかじめ知っていなければ読めません。

■「日」の則天文字

則天文字の「日」は日輪を示す○の中に“三足烏《さんそくう》（三本足の烏）”を組み込んだ字形とされています。この字は『説文』の中に「日」の古字として出てきます。

『春秋緯元命苞《しゅんじゅういげんめいほう》』という緯書《いしょ》（儒学の典籍である経書に付託して吉凶・符瑞《ふずい》を予言した書）に「陽成於三、故日中有三足烏。烏者陽精（陽は三に成る、故に日の中に三足烏有り。烏は陽精なり）」とあり、薛道衡《せつどうこう》の「老子碑」に「三足神烏、感陽精而表資（三足の神烏、陽精に感じて表資す）」とあります。

陽精は太陽のことですが、天下を統率する君主の象徴でもありますから、烏には瑞相《ずいそう》（縁起のよいしるし）が備わっているわけです。

ところで白川静《しらかわしずか》は、これについて、「日の字形は必ずしも一や乙に従う形でなく、ただ〇中が空虚でないことを示すために加点したものに過ぎない」(『説文新義』)としています。

つまりは象形文字で、ありのまま形状を示した文字です。そして、おそらく則天文字の「日」は古字の「日」にもとづくものでしょうが、武后《ぶごう》はそこに“三足の烏”という吉祥観念と“陽精”という君主を象徴する性質を賦与することによって、この文字を新制文字として認めたのです。

■「月」の則天文字

月輪を表す〇の中に「卍」を組み込んだ字形です。「卍」の音は「マン・バン」です。日本では「卍」を「まんじ」と訓読しますが、それは「卍字」を訓《よ》んだものです。梵語《ぼんご》でシリバッサ(室哩靺蹉)といい、もともとはインドのシヴァと並んでヒンズー教の最高神とされるヴィシュヌ(クリシュナ)神の胸の旋毛《せんもう》で、瑞兆《ずいちょう》の相を表しましたが、仏教では仏の胸・手足・頭髪に現れた吉祥《きっしょう》の印《しるし》の表象となったのを、「吉祥万徳の集まる所」(『翻訳名義集』15)という意味から、漢訳するに際して、「萬(万)」の字に当てたものです。

この字は戦国時代早期の出土品にも認められるので、武后《ぶごう》の創作した文字ではないという説もありますが、偶然の一致と考えていいでしょう。戦国早期の文字ならば仏教とは無縁であり、戦国早期から武后《ぶごう》の時代に至るまでに例がなければなりませんが、いまのところ発見されていません。

武后《ぶごう》は自らを仏典の中に出てくる「東方月光女王」や、王となった「浄光天女」になぞらえたり、龍門の奉先寺に彫られた盧舎那仏《るしゃなぶつ》に２万貫を喜捨《きしゃ》（寄付）したり、その開眼供養には臣下を引き連れて参列するなど、女性が皇帝になることの正当性を仏教によって得ようとしたとされているので、○に卍を入れたのも、仏教とかかわったものと見るのが当を得ていると思えます。

■「国」の則天文字

日本でも広く知られている則天文字が、この「圀」です。水戸黄門こと、水戸藩藩主・徳川光圀《とくがわみつくに》の名前に残っているので、ご存じの方も多いはず。

この字は家臣からの上奏によって２回修正がされました。１度目は、「國という文字は□と或でできている。惑うに通じる“或”は新王朝にはふさわしくないので、国の中心に武氏が座る“□と武”にすればいい」との提案でした。

武后《ぶごう》はただちにそのとおり実施しました。それから１か月後、別の家臣から「□と武にすれば“囚”と同じ発想で、武氏が□にとじ込められていてきわめて縁起が悪い文字である」。

武后《ぶごう》はさっそく廃止し、その代わりに□の中に、世界全体を表す「八方」を入れた「圀」を制定したということです。

■その他の則天文字

【君】【載】【授】【初】

【照】【臣】【人】【星】

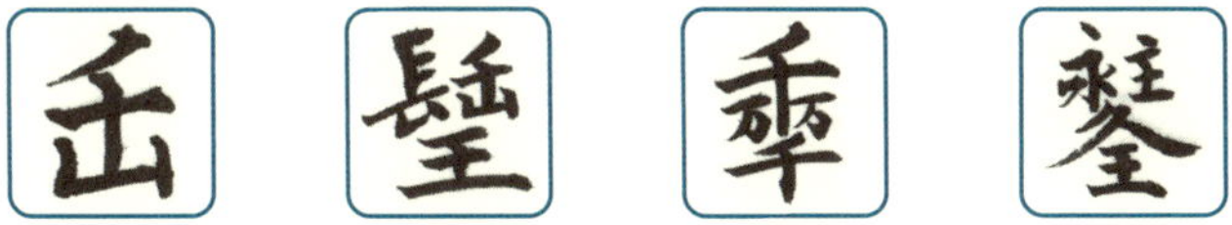

【正】【聖】【年】【証】

以上がいま伝えられている則天文字です。一見してわかるように、すべてが既存の文字を利用したもので、権力者の願望むきだしの文字が多いようです。もちろんこれらの文字は則天《そくてん》武后《ぶごう》の側近にいるものが武后《ぶごう》の意を体して作ったものですが、発想が貧困で、造字の仕方もいかにも拙劣で幼稚です。しかしそれゆえに、そこにはまた独裁者のもつ凶暴さも潜んでいるようでもあります。

コラム

トルファンで見た則天文字

則天文字が初めて制作されたのは689年（載初元年）で、則天《そくてん》武《ぶ》后《ごう》が83歳で死去したのが705年（神竜元年）。武后《ぶごう》の死後間もなく使われなくなりましたから、中国において則天文字が使用されたのは、わずか20年足らずの短い間のことです。しかし、その使用範囲は広範にわたり、西はシルクロードの要所として栄えたトルファンから、東は朝鮮半島や日本にまで及び、則天《そくてん》武《ぶ》后《ごう》という個人を超えて、社会的・文化的な事象を考えるよすがともなっています。

例えば、次ページの写真は「葡萄《ぶどう》園租借文書」という古文書の一部です（703年。トルファン・アスターナ93号墓から1967年に出土）。いささか私事にわたりますが、筆者は数年前に、このアスターナ遺跡を訪ねたおりに、新疆ウイグル自治区博物館でこの文書に接しました。

これは、厳苟仁《げんこうじん》という歴史的にはまったく無名の商人が、１段２畝の葡萄《ぶどう》園を賃借する契約内容を記した文書の断片です。冒頭に「長安参年三月二日」とあって、「年」「月」「日」に則天文字が使われています。「月」の字が改められたのは698年（聖暦元年）なので、そのわずか５年後です。

たった一つの文字の改訂が、トルファンという僻遠《へきえん》の地にまで届いていたこともさることながら、それが中央官庁から発せられた公的文書でもなければ、地方の役所の書類でもない、葡萄《ぶどう》園の貸借という、単なる商人の契約書に用いられていたことに、驚きの念を禁じえませんでした。ちなみにこの文書の中では誤記した文字を「レ」点を打って訂正してあるなど、非常に“私的”な文書であることが見て取れます。

これは則天《そくてん》武后《ぶごう》の権力の大きさを示す事例の一つかもしれませんが、“文化”の波及力というものの具体的な形を見たように思いました。

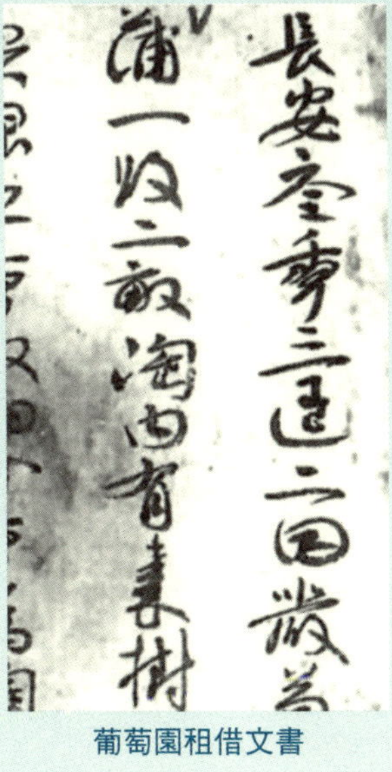

葡萄園租借文書

8

簡体字

■現代中国の文字「簡体字」

現代中国で使われている漢字が、日本の漢字とかなり趣が異なることは、ご存じでしょう。かつての中国の漢字のほうが、いまの日本の漢字と似ています。

現代中国の漢字は“簡体字”と呼ばれるものです。簡体字とは、中華人民共和国（1949年～）の文字改革によって政府から制定された、簡略化された字体のことです。

これに対して、旧来の画数の多い漢字は“繁体字《はんたいじ》”といいます。中華民国（台湾）や香港などの漢字は繁体字《はんたいじ》ですし、日本でも戦前に使われていた旧字体は、繁体字《はんたいじ》とほぼ近いものといえます。

日本でも、1949年告示の当用漢字字体表で「新字体」が制定され、簡略化がなされましたが、19世紀末以降、中国では漢字を簡略化して、それを公的なものにしようという大々的な運動が起こりました。簡体字の来歴を見てみましょう。

■歴史的な流れ

古代の殷《いん》帝国において、文字が「巫祝王《ふしゅくおう》としての王」が所有するものであった時代から、次第に役人などの下々の者にまで文字が使われるようになったことは、漢字が神聖で象徴的なものから、世俗の実用的なものになっていく過程でした。「書体の変遷」で見ましたが、秦《しん》の始皇帝が定めた「小篆《しょうてん》」から、漢代に「隷書《れいしょ》」が誕生したのは、篆書《てんしょ》の複雑な形をより簡略にして、書記の効率性を求めたためでした。

さらに行書・草書の書き方が定型化していったのも、書きやすさが重要視されたからで、漢字はさらに簡略化されました。褚遂良《ちょすいりょう》（596～658年ごろ）の「枯樹賦《こじゅふ》」を取り上げて、簡略化された文字が使われている様子を見てみましょう。右図は枯樹賦《こじゅふ》の部分です。書かれている文字の中に、いわゆる繁体字《はんたいじ》と異なるものが見受けられます。

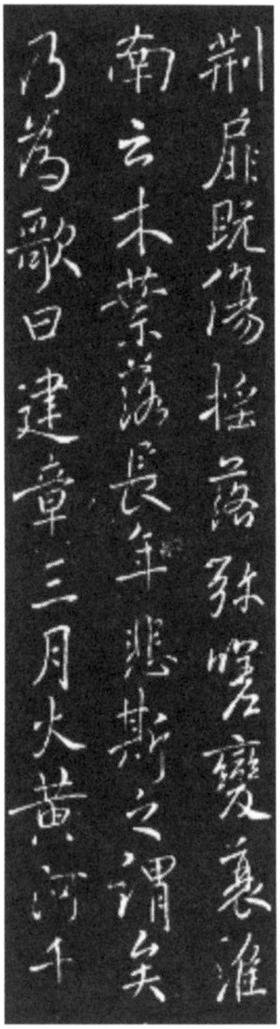

枯樹賦

この短い文中でも「既（旣）」「揺（搖）」「弥（彌）」「為（爲）」「黄（黃）」の５字が、正式な形を崩した書体です。

「枯樹賦《こじゅふ》」の文字は日本でいう「新字体」になっており、このような簡略化された字は古い時代からありました。時代が下っていくにつれ多くなり、宋代になって印刷技術が発達した際には、印刷文字の中にも簡体字は入ってきます。公式文書以外では、書体は簡略化して使われるのがむしろ普通でした。

■文字改革運動の始まり

実態としては、漢字は正式な文書以外は崩して使用されるのが、中国の歴史を通じて普通のことでした。しかし、近代以降、簡略化した文字を正式なものに“格上げ”しようというムーブメントが起こり始めます。

清朝末期に、陸費逵《りくひき》（1886～1941年）という教育者がいました。『教育文存』『婦女問題雑談』などの著書や多くの教科書を作ったことで知られていますが、彼はみずから主編となって立ち上げた『教育雑誌』という雑誌に「普通教育に民間の文字を採用せよ」という論文を発表しました。1909年のことです。

また同じころ、労乃宣《ろうだいせん》（1843～1921年）という音韻学者らが、漢字を“音標文字”に改めようと「統一国語法案」をまとめましたが、1911年に辛亥《しんがい》革命が勃発して清朝が滅び国内が混乱したため、施行の機会は失われました。

1921年、陸費逵《りくひき》はふたたび運動を開始し、漢字の制限と漢字の筆画数を少なくすることを主張します。これ以後、文字改革の運動は急速に高まります。俗字を集めた字典が多数編纂されました。例えば、1930年の劉復《りゅうふく》・李家瑞《りかずい》共編『宋元以来俗字譜』です。タイトルのとおり、民間で用いられてきた簡体字を収集し、約1600字を収めています。1935年には国語統一籌備会《ちゅうびかい》の『簡体字譜』が約2400字を収載。

その後も容庚《ようこう》編『簡体字典』が4445字、陳光尭《ちんこうぎょう》『常用簡字表』が3150字、字体研究会『簡体字表』第一表が約1700字の簡体字を収載しています。

■改革の背景にあったもの

それではなぜ、陸費逵《りくひき》や字典を編集した学者たちは文字を簡略化しようとしたのでしょうか？　文字改革運動の背景にあったのはなんなのでしょうか？　それは、中国語という言葉、漢字という文字の特徴が、識字率に代表されるような“教育の水準を下げているのではないか”という危機感でした。

当時中国は、欧米列強によって植民地支配を受けていました。欧米の文字であるアルファベットが、表音文字であるためわずか二十数字を覚えるだけで読み書きできるのに対し、漢字は数千にも及ぶ文字を記憶しなければ中国語を正確に読み書きできません。漢字を覚えるというだけで生徒は一苦労です。また、日本は、日清戦争・日露戦争に勝利し、列強に並ぶほどの近代化を果たしていました。

中国の知識人は「日本が近代化を成し遂げた理由は教育にある。日本人が独自に作った“仮名”によって、誰もが読み書きできるようになり、教育水準が高められたのだ。中国も読み書きを平易に習得できるよう、日本の仮名のような表音文字を作るか、漢字を簡略化すべきだ」と考えたのでした。

■共産党の簡体字政策

1937年、抗日戦争（日中戦争）が始まったことによって、簡体字の収集や運動は中断しますが、公的機関と民間とを問わず簡体字が利用され、特に解放区（中国共産党が支配した地域）では新しく簡体字が生み出され、書籍やパンフレットなどの出版物をはじめ、手書きの文書連絡に至るまで盛んに用いられました。それは「解放字」と呼ばれ解放区へ、解放区から民間へと全国的に普及していきました。

共産党にとっては、漢字の複雑さは、一部の特権階級に知識を独占させるものであり、広く民衆に識字させるためには、改革しなければならない問題としてとらえていました。

そして戦後、1949年に共産党が中華人民共和国を建国し、それから６年後の1955年、中国文字改革委員会によって「漢字簡化方案」が発表されました。この草案は、文字の専門家や教師、軍組織、労働組合などを対象に全国的に意見を求めたのちに、国務院の漢字簡化方案審訂委員会で審査・修訂され、中国文字改革委員会の修正が加えられて、「漢字簡化方案」として正式に決定されたのです。

この漢字簡化方案は、1956年２月から1957年の７月にかけ、517字が４回に分けて交付・施行されました。こうして簡体字が中国の正式な書体として用いられるようになりました。

■簡体字の作り方

この簡体字は、やたらめったらに簡略化されたものではなく、一定のパターンに基づいて字が作られています。

大まかに分ければ、次のように分類できます（カッコ内は繁体字《はんたいじ》）。

◎意符が加わる前の古字

例：云（雲）・电（電）

◎相互に通用していた文字

例：后（後）・才（纔）

◎古くから民間で用いられていた文字

例：体（體）・声（聲）

◎草書を楷書にした字

例：为（爲）・热（熱）・书（書）・长（長）・乐（樂）

◎古代の文字を採用した字

例：丰（豐）・从（從）・丽（麗）・泪（淚）

◎形成文字を改めた字

例：迟（遲）・拥（擁）・肤（膚）

◎会意文字を改めた字

例：灶（竈）・尘（塵）

◎画を省略した字

ⓐ片側を省略　例：号（號）・录（錄）

ⓑ両側を省略　例：里（裏）・术（術）

ⓒ内外を省略　例：奋（奮）・开（開）

ⓓ一角を省略　例：扫（掃）・阳（陽）

◎輪郭を残した字

例：飞（飛）

◎同音で代替される字

例：几（幾）・只（祇）

◎象徴符号を用いた字

例：办（辦）・区（區）・汉（漢）・难（難）

簡体字の制作の大きな特徴は、多くの文字が古代から抗日戦争の解放字に至るまで、公民問わず使用されてきた文字を基本に据えているということです（日本の新字体もおおむね江戸時代以降に使用されてきた文字にもとづいています）。

また、新たに考案した文字もありますが、それらは漢字の構造原理である「六書《りくしょ》」をふまえて、できるだけ不自然にならないように配慮しながら造字がなされています。

■文字改革運動の終着

1950年代末の漢字簡化方案の発表後も、文字改革についてさまざまに検討が加えられましたが、1960年代半ばから「文化大革命」の嵐が吹き荒れ始め、文字改革に携わった学者・文化人、そして政治家たちの何人かも批判・追放され、文字改革の作業は停滞したままでした。

簡体字がふたたび取り上げられたのは、古代史研究家であり、また文学者でもあった郭沫若《かくまつじゃく》（1892～1978年）が、簡体字は必要に応じて増加すべきである、という意味の文章を、文化大革命の中で発表してからです。この郭沫若《かくまつじゃく》の呼びかけによって、1972年、新たに簡体字の整理・制作に着手され、文革後の1977年12月、「第２次漢字簡化方案（草案）」が発表されました。しかしこの「方案」は最終的には1986年、廃止されました。全国語言文字工作会議は、簡体字の教育的意義は認めながらも、廃止の理由を「公布すると、巻数の多い字典類などの出版物や電子計算機の漢字フォントなどに多くの困難が生じるため」としています。

■ 人の世が作る漢字

その後、現在に至るまで、簡体字は中国において、中国からはみだして、東南アジア、そして日本にも波及しつつあります。また、本国においては、混乱もあったとされる「第２次漢字簡化方案」が廃止されたあとも、現実的にはその中の文字で引き続き使用されるものがあったり、さらに新たな簡体字が民間で作られたりもしています。

簡体字以前に、則天《そくてん》武后《ぶごう》が個人的な思いから改革し、制定した「則天文字」がありました。則天文字は武后《ぶごう》の死とともにその文字もほどなく死んでしまいました。使われなくなったのは、その文字を見てもわかるように、武后《ぶごう》の欲望を映し出したような、漢字の歴史から見て不自然な、複雑怪奇な形をしているからにほかならないでしょう。

人と人とを結ぶものは、人々の日常的な行為の中で、社会的・文化的な意味合いを担いつつ作られていくものだと思われます。漢字もまたそうしたものとして進化するのではないでしょうか。

9 増え続ける漢字

■世界にまれにみる文字

古代の殷《いん》や周《しゅう》で使われた甲骨文・金文の文字数は、発見され解読されている中ではわずかに3000字ほどでした。それが後漢の許慎《きょしん》の『説文解字《せつもんかいじ》』（121年）では、収録文字数が9353字にまで増え、清代の『康熙字典《こうきじてん》』（1716年）では４万9030字にまで達しました。中国の人口が増え、文明が発展し、複雑になるほどに漢字は数を増やしています。世界最大の収録文字数の字典には、中国以外の国の漢字も含めて10万字近くに達するものもあるといわれます。

漢字は、常に、人の目に映る事象に対応して作られてきました。もちろん熟語によってしか表現されないものもありますが、漢字の「形成・会意」という、世界の文字に類をみない特別な拡張性が新しい漢字を生み出す土壌となりました。『康熙字典《こうきじてん》』の完成後も、もちろん新しい文字は作られ続けています。則天武后《そくてんぶごう》の試みも、17文字という数からすれば、漢字の歴史の中の“微かな動き”にすぎないと思われます。

■現代の新字

新字は、最近では特に、自然科学の分野での進歩にともない、新発見に関連して作られることが多いようです。

例えば、新種の“魚”が発見されたとき、また、新しい元素が発見されたとき。新しい天体（星）が発見されたときにも、なんらかの考えに応じた新字が作られます。

元素の漢字の作り方は合理的です。性質を漢字の形である程度推測できるようになっています。常温で気体の元素には“气”が、常温で液体の元素には“さんずい”が、また常温で固体の元素には“石偏”や“金偏”がついています。

■ 中国語の外来語表記

国際化の時代、外来語はいくらでも入ってきます。固有名詞についても、中国語は表音文字がないため漢字に置き換えなければなりません。その場合、意味をふまえて訳するか、文字の読みだけに注目して当てはめるか（万葉仮名のように）します。「贝拉克・奥巴马」は、アメリカの第44代大統領バラク・オバマの中国語表記です。有名なコカ・コーラの表記「可口可楽」は、音を置き換えるだけでなく、意味にも配慮されうまい表現となっています。

次のページには中国語による世界の国名・地名を載せました。音読みを知っている私たちはある程度推測することができると思います。意味からつけられた国名もあります。

また、その後ろは「元素記号の漢字表記」です。化学に詳しい人なら納得の新字なのではないでしょうか。

世界の国名の中国語表記（繁体字）

1	阿富汗	29	蘇摩利亜
2	阿拉伯聯合酋長國	30	坦桑尼亜
3	以色列	31	突尼西亞
4	伊拉克	32	多哥
5	伊朗	33	納米比亜
6	印度	34	馬拉維
7	泰国	35	南非
8	土耳其	36	南蘇丹
9	新加坡	37	馬里
10	巴林	38	博茨瓦納
11	巴勒斯坦	39	馬達加斯加
12	東帝汶	40	毛利西亜
13	不丹	41	摩洛哥
14	蒙古	42	利比亜
15	安哥拉	43	利比里亜
16	埃及	44	氷島
17	加納	45	愛爾蘭
18	喀麦隆	46	阿爾巴尼亜
19	几内亚	47	英國
20	肯尼亚	48	意大利
21	科特迪瓦	49	烏克蘭
22	剛果共和國	50	愛沙尼亞
23	贊比亜	51	奥地利
24	塞拉利昂	52	荷蘭
25	吉武地	53	希臘
26	津巴布韋	54	格魯吉亞
27	蘇丹	55	瑞士
28	塞内牙	56	瑞典

57	西班牙
58	斯洛伐克
59	塞爾維
60	捷克
61	丹麥
62	德國
63	挪威
64	匈牙利
65	法蘭西
66	比利時
67	葡萄牙
68	波蘭
69	摩納哥
70	黒山
71	列支敦士登
72	俄羅斯
73	美國
74	加拿大
75	古巴
76	牙買加
77	多米尼克
78	海地
79	墨西哥
80	巴西

1	アフガニスタン	21	コートジボワール	41	モロッコ	61	デンマーク
2	アラブ首長国連邦	22	コンゴ共和国	42	リビア	62	ドイツ
3	イスラエル	23	ザンビア	43	リベリア	63	ノルウェー
4	イラク	24	シエラレオネ	44	アイスランド	64	ハンガリー
5	イラン	25	ジブチ	45	アイルランド	65	フランス
6	インド	26	ジンバブエ	46	アルバニア	66	ベルギー
7	タイ	27	スーダン	47	イギリス	67	ポルトガル
8	トルコ	28	セネガル	48	イタリア	68	ポーランド
9	シンガポール	29	ソマリア	49	ウクライナ	69	マルタ
10	バーレーン	30	タンザニア	50	エストニア	70	モンテネグロ
11	パレスチナ	31	チュニジア	51	オーストリア	71	ルーマニア
12	東ティモール	32	トーゴ	52	オランダ	72	ロシア
13	ブータン	33	ナミビア	53	ギリシャ	73	アメリカ
14	モンゴル	34	マラウイ	54	グルジア	74	カナダ
15	アンゴラ	35	南アフリカ	55	スイス	75	キューバ
16	エジプト	36	南スーダン	56	スウェーデン	76	ジャマイカ
17	ガーナ	37	マリ	57	スペイン	77	ドミニカ
18	カメルーン	38	ボツワナ	58	スロバキア	78	ハイチ
19	ギニア	39	マダガスカル	59	セルビア	79	メキシコ
20	ケニア	40	モーリシャス	60	チェコ	80	ブラジル

元素記号の漢字表記（繁体字）

原子番号	元素記号	日本語名	漢字名
1	H	水素	氫
2	He	ヘリウム	氦
3	Li	リチウム	鋰
4	Be	ベリリウム	鈹
5	B	ホウ素	硼
6	C	炭素	碳
7	N	窒素	氮
8	O	酸素	氧
9	F	フッ素	氟
10	Ne	ネオン	氖
11	Na	ナトリウム	鈉
12	Mg	マグネシウム	鎂
13	Al	アルミニウム	鋁
14	Si	ケイ素	硅
15	P	リン	磷
16	S	硫黄	硫
17	Cl	塩素	氯
18	Ar	アルゴン	氬
19	K	カリウム	鉀
20	Ca	カルシウム	鈣
21	Sc	スカンジウム	鈧
22	Ti	チタン	鈦
23	V	バナジウム	釩
24	Cr	クロム	鉻
25	Mn	マンガン	錳
26	Fe	鉄	鐵
27	Co	コバルト	鈷
28	Ni	ニッケル	鎳
29	Cu	銅	銅
30	Zn	亜鉛	鋅
31	Ga	ガリウム	鎵
32	Ge	ゲルマニウム	鍺
33	As	ヒ素	砷
34	Se	セレン	硒
35	Br	臭素	溴
36	Kr	クリプトン	氪
37	Rb	ルビジウム	銣
38	Sr	ストロンチウム	鍶
39	Y	イットリウム	釔
40	Zr	ジルコニウム	鋯
41	Nb	ニオブ	鈮
42	Mo	モリブデン	鉬
43	Tc	テクネチウム	鎝
44	Ru	ルテニウム	釕
45	Rh	ロジウム	銠
46	Pd	パラジウム	鈀
47	Ag	銀	銀
48	Cd	カドミウム	鎘
49	In	インジウム	銦
50	Sn	スズ	錫
51	Sb	アンチモン	銻
52	Te	テルル	碲
53	I	ヨウ素	碘
54	Xe	キセノン	氙

原子番号	元素記号	日本語名	漢字名
55	Cs	セシウム	銫
56	Ba	バリウム	鋇
57	La	ランタン	鑭
58	Ce	セリウム	鈰
59	Pr	プラセオジム	鐠
60	Nd	ネオジム	釹
61	Pm	プロメチウム	鉕
62	Sm	サマリウム	釤
63	Eu	ユウロピウム	銪
64	Gd	ガドリニウム	釓
65	Tb	テルビウム	鋱
66	Dy	ジスプロシウム	鏑
67	Ho	ホルミウム	鈥
68	Er	エルビウム	鉺
69	Tm	ツリウム	銩
70	Yb	イッテルビウム	鐿
71	Lu	ルテチウム	鑥
72	Hf	ハフニウム	鉿
73	Ta	タンタル	鉭
74	W	タングステン	鎢
75	Re	レニウム	錸
76	Os	オスミウム	鋨
77	Ir	イリジウム	銥
78	Pt	白金	鉑
79	Au	金	金
80	Hg	水銀	汞
81	Tl	タリウム	鉈
82	Pb	鉛	鉛
83	Bi	ビスマス	鉍

原子番号	元素記号	日本語名	漢字名
84	Po	ポロニウム	釙
85	At	アスタチン	砹
86	Rn	ラドン	氡
87	Fr	フランシウム	鈁
88	Ra	ラジウム	鐳
89	Ac	アクチニウム	錒
90	Th	トリウム	釷
91	Pa	プロトアクチニウム	鏷
92	U	ウラン	鈾
93	Np	ネプツニウム	錼
94	Pu	プルトニウム	鈽
95	Am	アメリシウム	鋂
96	Cm	キュリウム	鋦
97	Bk	バークリウム	錇
98	Cf	カリホルニウム	鐦
99	Es	アインスタイニウム	鑀
100	Fm	フェルミウム	鐨
101	Md	メンデレビウム	鍆
102	No	ノーベリウム	鍩
103	Lr	ローレンシウム	鐒
104	Rf	ラザホージウム	鈩
105	Db	ドブニウム	𨧀
106	Sg	シーボーギウム	𨭎
107	Bh	ボーリウム	𨨏
108	Hs	ハッシウム	𨭆
109	Mt	マイトネリウム	䥑
110	Ds	ダームスタチウム	𫟼
111	Rg	レントゲニウム	錀
112	Cn	コペルニシウム	鎶

コラム

漢字、ベトナムへ

前漢の武帝のとき（前111年）、ベトナムを滅ぼして中国人が大勢移住し、ベトナムに中国式の風俗や習慣がもたらされました。その後、中国式の官僚制度を導入しました。

そのために漢字文化が深く根を下ろしました。

14世紀になると、漢字を組み合わせてベトナム語を表記する「字喃《チュノム》（“南国の文字”の意味）」という文字が制作され漢字とともに用いられました。字喃《チュノム》の造字法には形声文字式のものと会意文字式のものがあって、とても合理的な文字構成です。

しかし、19世紀後半になるとベトナムはフランスの植民地下に置かれます。フランス人宣教師の考案した「ベトナム式ローマ字（クオック・グー）」が使用されるようになると、字喃《チュノム》と漢字を使用する人は次第になくなり、1945年の独立時に公式表記に定められて以降、一般的にはアルファベットだけが用いられています。

例えば、ベトナムの「ベト」という音、あるいは「ドクラップ（独立）」といった音は現在の中国語音にはなく、古い中国語音です。このように言葉の中にまでも中国の影響が色濃く残っているので、ベトナムも漢字文化圏の中に入っていると考えてよいと思います。

日本編

1

日本人と漢字の出会い

■「魏志倭人伝《ぎしわじんでん》」から

“日本に漢字が伝わったのはいつごろか？”“日本人が漢字を使用し始めたのはいつごろか？”たいへん興味のある問題ですが、本当のところはわかりません。漢字が記された文物がもたらされたのか、漢字を識《し》っている人がやってきて漢字を伝えたのか。それに対して、“いつごろから漢字を使用し始めたのか？”は、残された文献から見当がつきそうです。

西晋《せいしん》の歴史家・陳寿《ちんじゅ》（233～297年）の著した『三国志《さんごくし》』魏書《ぎしょ》・東夷伝《とういでん》の倭《わ》の条（「魏志倭人伝《ぎしわじんでん》」）を取り上げます。

当時の「倭人《わじん》」についてのかなり詳細なレポートで、“邪《や》馬台国《またいこく》論争”のもととなった文献です。倭《わ》から魏《ぎ》に、西暦57年と107年との２回、使者が派遣された際の様子が記されています。

建武中元二年、倭奴国奉貢朝賀、使人自称大夫。…光武賜以印綬。安帝永初元年、倭国王帥升等献生口百六十人、願請見。

［建武中元二年（57年）、倭の奴国奉貢朝賀す、使人自ら大夫と称す。…光武賜ふに印綬を以てす。安帝の永初元年（107年）、倭の国王帥升等生口（捕虜や奴隷）百六十人を献じ、請見を願ふ。］

この使者が、奉賀のための“文書”を献上したかどうか。常識的には、自分たちで文書を作成できなければ、彼の地のしかるべき人にそれを依頼したと考えられますが、実際はわかりません。

ちなみに、博多湾で1784年に農夫が発見したとされる金印（国宝）は、建武２年（57年）に光武帝から下賜《かし》されたもので、福岡市博物館で見ることができます。これは日本の漢字史料の中で現存する最古のものといえるでしょう。

金印

また、邪馬台国《やまたいこく》の卑弥呼《ひみこ》（170〜248年ごろ）の時代になると“文書”や賜遺の物が女王に伝送されたことが明記されています。この時代には中国の言語を理解する人がいたこと、魏《ぎ》の詔書《しょうしょ》に謝意を表す上表文を呈したという記事に照らせば、すでに少なくとも外交文書が書かれていたことがわかります。公的な文書の書き手ともなれば高い教養が求められますので、大陸から渡来した知識人の手を借りたのかもしれません。

■刀剣に刻された漢字

当時の日本人が接した文章、あるいは日本人によって書かれたと思われる文章はどのようなものでしょうか。銘文が鋳造された銅鏡などもありますが、ここでは、日本で鋳造された刀剣に刻された文字史料から見てみましょう。

◎「王賜」銘鉄剣（千葉県市原市稲荷台《いなりだい》一号墳）

（表）**王賜□□敬安**［王□□を賜ふ、敬して安んぜよ］

（裏）**此廷刀□□□**［此の廷刀□□□］

稲荷台《いなりだい》一号墳は直径27mの円墳で、５世紀の中期から後期の築造とされています。1976年に発掘された刀剣で、文字には銀の象嵌《ぞうがん》が施されています。「王」から墓に埋葬された者に下賜《かし》された副葬品であろうと推測されています。

◎「辛亥年」銘鉄剣（埼玉県行田市大字埼玉《さきたま》の稲荷山《いなりやま》古墳）

（表）**辛亥年七月中記乎獲居臣上祖名意富比垝其兒多加利足尼其兒名弖已加利獲居其兒名多加披次獲居其兒名多沙鬼獲居其兒名半弖比**

（裏）**其兒名加差披余其兒名乎獲居臣世々爲杖刀人首奉事來至今獲加多支鹵大王寺在斯鬼宮時吾左治天下令作此百練利刀記吾奉事根原也**

（表）［辛亥の年七月中、記す。乎獲居《ヲワケ》の臣、上祖、名は意《ナ》富比垝《ホヒコ》。其の児、多加利《タカリ》の足尼《スクネ》、其の児、名は弖已加利獲《テヨカリワ》

居《ケ》、其の児、名は多加披次獲居《タカヒシワケ》、其の児、名は多沙鬼獲居《タサキワケ》、其の児、名は半弖比《ハテヒ》]

（裏）[其の児、名は加差披余《カサヒヨ》、其の児、名は乎獲居《ヲワケ》の臣、世々杖刀人の首と為り、奉事し来たりて今に至る。獲加多《ワカタ》支鹵《ケル》の大王の寺《つかさ》の、斯鬼《シキ》の宮に在りし時、吾れ天下を左治し、此の百練の利刀を作らしめ、吾が奉事の根原を記すなり]

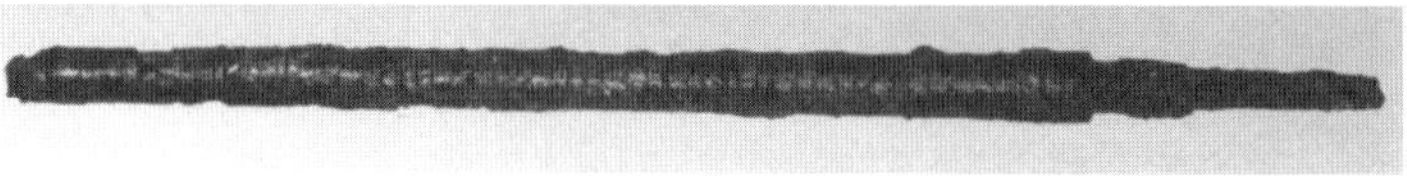

「辛亥年」銘鉄剣

115文字という大量の文字が刻され、金の象嵌《ぞうがん》が施されています。内容は、祖先であるナホヒコからヲワケまでの8代の系譜を示し、ワカタケル大王が斯鬼宮《しきのみや》にいたときに統治を補佐していたことから、何回も練り直した立派な剣を作った、というものです。

この銘文の「辛亥年」は471年であることがほぼ確定しており、ワカタケルはオホハツセノワカタケル（『古事記』では「大長谷若建」、『日本書紀』では「大泊瀬幼武」と表記）で、のちに“雄略天皇”と称される人ですが、この時代にはまだ天皇の称号はないので獲加多支鹵《ワカタケル》大王と呼ばれています。

いずれも複雑でない文字列ですが、単なる刀剣の飾りとはいえない、意味のある語の連なりとなっています。

しかも「辛亥年」銘鉄剣の銘には「意富比垝《ナホヒコ》」や「獲加多支鹵《ワカタケル》」などと、日本語の音を漢字で表記するばかりか、すでに「て」という音を表すために「弖」の字が使われていることは注目に値します。

「弖」は「て」の音仮名として『古事記』『風土記』『日本書紀』『万葉集』などにその後頻繁に使用されるようになります。

例を挙げると、

伊麻陀登加受弖［いまだ解かずて］（『古事記』）

于智弖之夜莽務［うちてしやまむ］（『日本書紀』）

朝日弖流［あさひ照る］（『万葉集』）

などのように用いられています。

ただし、「弖已加利獲居《テヨカリワケ》」などの固有名詞への使用は徐々に影を潜め、ほとんどが助詞の「て」を表すときに用いられるようになります。

中国の史書『三国志《さんごくし》』と、刀剣に刻まれた銘文を見ると、日本人の祖先が漢字に触れ、読み書きできるようになっていたばかりか、日本語の語音を漢字で表記する方法を獲得し、自分たちの“言葉”を書き表そうとする意識を読み取ることができると思います。

■和化漢文

さらにもう少し時代が下った資料です。

◎**群馬県高崎市山ノ上碑文**（681年）

辛巳歳焦月三日記。佐野三家定賜健守命孫黒目刀自、此新川臣児、斯多々弥足尼孫、大児娶生児長利僧、母為記定文也。放光寺僧

［辛巳の歳の焦月《せうげつ》（陰暦６月の異称）三日記す。佐野の三家を定め賜ひし健守命の孫黒目刀自、此に新川臣の児、斯多々弥足尼の孫、大児臣の娶りて生める児の長利僧、母の為に記し定むる文そ。放光寺の僧］

この文は日本語の語順通りに漢字を並べたものですから、もう漢文ではありません。

一般に“和化漢文（変体漢文）”と呼ばれていますが、そう呼ぶよりもむしろ“万葉仮名”の萌芽としてとらえるべきではないでしょうか。いずれにしても、自分たちの言語形態をできるだけそのままに表記しようと試みた例といえます。

2 万葉びとの漢字遊び

■万葉集の歌

『万葉集』を通して、万葉びとがどのように漢字を駆使し、そして漢字の世界に遊んでいたかを見てみましょう。

『万葉集』の中で最も古い歌は、「盤姫皇后《いわのひめのおおきさき》」が「大鷦鷯《おほさざきのすめら》天皇《みこと》（仁徳《にんとく》天皇）」を思って作ったとされている、以下の歌をはじめとする４首です。

君之行　気長成奴　山多都祢　迎加将行　待尒可将待（85）

［君が行き　日長くなりぬ　山尋ね　迎へか行かむ
待ちにか待たむ］

また、『万葉集』で最も新しいのは、その掉尾《とうび》を飾る大伴《おおともの》家持《やかもち》の次の歌です。

新　年乃始乃　波都波流能　家布敷流由伎能
伊夜之家餘其騰（4516）

［新《あたら》しき　年のはじめの　初春の　今日《けふ》降る雪の
いや重《し》け吉事《よごと》］

この歌が作られたのは759年です。

仁徳《にんとく》天皇の時代から数えるとほぼ300年を経ているわけ

ですが、普通“万葉の時代”といいますと、舒明《じょめい》天皇・天智《てんじ》天皇・有馬皇子《ありまのみこ》・額田王《ぬかたのおおきみ》などが活躍した、いわゆる初期万葉を含めて百数十年間をいいます。そして、この時代の人々を“万葉びと”と呼ぶことにしましょう。

■万葉びとの漢字知識

この万葉びとの時代は、文献としては『古事記』（712年成立）、『日本書紀』（720年成立）、『風土記』（『出雲国風土記』の成立は733年）が編纂された時代です。

日本で初めての漢詩集『懐風藻《かいふうそう》』（752年成立）は、『万葉集』の成立（759～771年）に先立って編纂されています。そして『懐風藻《かいふうそう》』には万葉歌人が20人ほど入っているのですが、山上憶良《やまのうえのおくら》や大伴旅人《おおとものたびと》、大伴家持《おおとものやかもち》などは中国文学への造詣が深いことがその歌や文章（漢文）によって知ることができます。

『万葉集』は短歌・長歌・旋頭歌などを集めたアンソロジーですが、憶良《おくら》や旅人《たびと》の漢文が収められているばかりか、本来なら『懐風藻《かいふうそう》』に収められるべき漢詩（憶良《おくら》の作。七言絶句）までが載っています。また、『万葉集』は、歌の表記以外はすべて漢文で書かれています。しかも、それは和化漢文などではなく、純粋な漢文です。

万葉びとは漢字・漢文をどうにか習得し、よたよたしながら漢字によって日本語を書いたと思っていないでしょうか。それは大きな思い違いです。

■万葉仮名の基本

万葉仮名とは、日本語の音を表記するために漢字を意味とはかかわりなく用いたものです。『古事記』にも『日本書紀』にも使われますが、特に『万葉集』に多いので“万葉仮名”と呼ばれます。平仮名・片仮名に対し、漢字を用いた本当の仮名という意味で「真仮名《まがな》」とも呼ばれます。

保里延故要　等保伎佐刀麻弖　於久利家流
伎美我許己呂波　和須良由麻之自（4482）

これを読めば次のようになります。

［ほりえこえ　とほきさとまで　おくりける
きみがこころは　わすらゆましじ］

（堀江を越え遠い里まで送ってきたあなたのお心は忘れられないでしょう）

万葉仮名といえば、普通このように表記されているものをいいます。つまり“一字で一音”を表したものです。

平仮名の登場が予感されますが、それもそのはず、歌の番号4482（『万葉集』最後の歌は4516）でもおわかりのように、もう『万葉集』も終わりの時代ですから。

■さまざまな万葉仮名

しかし『万葉集』の表記の仕方はなかなか複雑です。

以下、その技巧をいくつか見てみましょう。

◎音仮名

文字の漢字音を利用したものです。

ホリエ（堀江）をその音をもつ「保里延」で、キミ（君）をその音をもつ「伎美」で表すなど。

「いにしへにありけむ人も」の「けむ」を「険」で、「ありけむ」の「けむ」を「兼」で表すなど、“一字二音”もあります。

◎訓仮名

漢字の和訓を利用したものです。

「すま（須磨）」を「為間」で、「すすき（薄）」を「為酢寸」で表すなど、一字で一音を表すのが多いのですが、「なつかし（懐）」を「夏樫」で表す一字二音、「いかり（碇）」を「慍」で表す一字三音などもあります。

◎字音語

漢字をそのまま中国音で読む熟語です。

『万葉集』では少なく、漢語は漢詩文で使うもので、和歌にはなじまないと考えられていたのでしょう。

「餓鬼《がき》」「布施《ふせ》」「婆羅門《ばらもん》」「力士《りきし》」「双六《すごろく》」「法師《ほうし》」など。

◎訓語

正訓と義訓に分けられます。

正訓は「恐・惶」を「かしこし」と読むように、漢字の意味をそのまま日本語に訳すもの。

義訓とは「求食《あさる》」「丸雪《あられ》」「痛念《なげく》」のように文字ではなく、言葉の意味を示したものです。

◎戯訓

読み方に遊び（遊戯性）のあるもので、その内容には、文字遊び、数字遊び、頓知《とんち》、知恵試しなどがあったりして、遊び心が伝わってきます。

たらちねの　母が飼ふ蚕の　繭隠り　馬声蜂音石花蜘蛛荒鹿　妹に逢うはずして（2991）

［母が飼う蚕が繭ごもりするように、心が内に籠もってうっとうしいことだ、妻にあわないで］

万葉仮名の部分は「いぶせくもあるか」と読みます。なぜそのように読めるのでしょうか？

「馬の声」は「い」です。

現代人は馬の鳴き声を「ヒヒーン」と聞きますが、昔の人は「イーン」と聞いたのです（「いななく」の語源です）。「蜂の音」は「ブ」です。「石花」は「せ」と読みます。海辺の岩石にいる貝の名から、「せ」の仮名として用いられています。

万葉びとの漢字による文字表現の豊かさ、多彩さには驚かされずにはいられません。

この万葉の時代に至って日本人は初めて漢字文化圏に参入するとともに、その漢字を自在に駆使することによって、独自の世界を作り上げたといえるでしょう。

コラム

「恋」という字

『新明解国語辞典』の「こい コヒ【恋】」の項には、次のようにあります。なんとも見事な定義です。

「特定の異性に深い愛情を抱き、その存在が身近に感じられるときは、他のすべてを犠牲にしても惜しくないほどの満足感・充足感に酔って心が高揚する一方、破局を恐れての不安と焦燥に駆られる心の状態」

「恋」旧漢字は「戀」。「戀という字を分析すれば糸し糸しと言う心」という俗謡が有名です。「䜌《れん》（もつれた糸）」に「心」が加わり、絡まり合った糸のように思い悩む心を表したものとされています。

「恋」は、古代から現代に至るまで、ほぼ変わらぬ意味をもっているほとんど唯一の語ではないでしょうか。

ところで「恋」はなぜ「こひ」なのでしょうか？

結論からいうと、それは「婟」という字です。もともと「婟」は、女にくっついて離れないこと、映画「釣りバカ日誌」の表現を借りれば“合体”だったのでしょう。しかしあまりにもあからさま。そこで、もつれた糸のような思いを表す「戀」の字が当てられました。この「心」によって、“合体”の意味がすべり落ちたのでしょう。

古代の日本の知識人が、中国の漢字文化をいかに摂取したかを、具体的に見ることができます。

3

国字と国訓

■「国字・国訓」とは

“国字”とは中国の漢字に対して、日本で工夫して考案された仮名文字（ひらがな・カタタカナ）、および和製漢字（日本製の漢字）を指していますが、ここでは後者の和製漢字について取り上げることにします。

中国と日本とでは、自然の条件や風俗習慣、またそこで歴史的に育まれた考え方や心情などが異なるわけですから、中国からもたらされた漢字だけでは、“日本の世界”のすべての事象をカバーしきれないのは当然です。中国の漢字だけではカバーしきれない要素を表現するために、日本人は新しい漢字を作っていきました。それを“国字”と称しています。

国訓という言葉も、二通りの意味があります。

一つは、漢字の意味を日本語に当てて読む読み方。

もう一つは、漢字のもとの意味を離れて日本独自の意味を新たにあたえたものです。ここでは後者の意味で用いられているものを紹介しましょう。国字が作られたのと同じ理由のもとに、その漢字がもともと中国でもっていた意味を変えたり、新しい意味を加えたりしたのです。ときには誤解にもとづいて定着した意味もあります。

■日本の独自の漢字文化

わたしたちの祖先は、言語表現の核となった漢字について、その意味や用法を自分たちの身の丈に合うようにあれこれと工夫してきました。それは「万葉びとの漢字遊び」でも触れたように、ほとんど漢字を受容した当初から試みられていたといってもよいでしょう。

したがって、国字・国訓の中には、いまとなってはあまりなじみのない文字がたくさんありますが、わたしたちの言語生活の中にしっかりと組み込まれているものもまた、たくさんあります。この「組み込まれる」の「込」も、実は中国には存在しない和製漢字であるようです。

わたしたちは、「これは中国から来た漢字、これは日本で作られた漢字」「この漢字の原義はこうで、日本で新たに加えられた意味はこうだ」などと区分けはしていません。むしろ、そのようなことを意識すらせず、自分たちの文字として自然に受け止めています。それらは長い歴史の中で、わたしたちの言語表現を築き上げ、わたしたちの文化の重要な、ほとんど抜き差しならない要素となっているといってもよいと思います。

■国字の造字法

国字の造字法は、会意文字的な構成の仕方で、「訓読みだけ」のものが圧倒的に多いのです。しかし中には「会意」と

「形声」を組み合わせた文字もあります。その造字の発想を見ると、なかなか見事な文字もあり、改めて、国字だったのかと感心される方もいるのではないでしょうか。

象形文字と指事文字はどうやら存在しないようです。象形文字と指事文字は中国でも少ないのですが、一から物の形をかたどって字を作るよりも、ありあわせの字の組み合わせで新たに文字を作るほうが自然で簡単だったのかもしれません。

◎会意文字

俥 くるま（人力車のこと）／凪 なぎ／鰯 いわし

辷 すべる／辻 つじ／榊 さかき／簗 やな／峠 とうげ

◎形声文字

鱇 こう／溂 らつ／燵 たつ／濹 ぼく／縕 うん

噸 とん／鋲 びょう

◎会意兼形声文字

働 ドウ・はたらく／塀 へい／癪 しゃく／鰮 うん

搾 サク・しぼる／腺 せん／膵 すい

◎変形・略体文字

㐂 き（喜の俗字。七十七歳を喜寿というのは、この字に由来）

边 つとむ・ちから（勉の略体）／匂 におう（匀の変形）

仐 さん（傘の略体。分解すると八十に見えるところから、八十歳を傘寿という）／𡋽 まま（壗の略体）

◎字音合成文字

匁 もんめ（夂（文）＋メで「もんめ」）

扨 さて（扨は扠の異体字。叉《さ》＋手で「さて」）

粂 くめ（久＋米で「くめ」）／ 麿 まろ（麻＋呂で「まろ」）

◎**外来語当て字**

瓧 デカグラム ／ 瓰 デシグラム ／ 瓱 ミリグラム

竏 キロリットル ／ 竕 デシリットル

■国訓の例

国字ともども国訓もまた、漢字のもつ原義だけでは、日本の事物を表しきれないところから生まれたものでしょう。

ですから、古代においてすでに国字・国訓ができたということは、自分たち独自の世界を見いだしたからということになるかと思われます。

しかし「訓」というのは基本的には翻訳のことですから、誤訳にもとづいたものもままあります。また、国訓ではありませんが「乃」が助詞の「の」になったのはなぜでしょうか。「乃」の音は、漢音で「ダイ」、呉音で「ナイ」。「ナイ」の音が「の」に転化したとも考えられますが、実際のところはわかりません。こうした不思議が国訓にもあります。

国訓の字をいくつか見てみましょう。

カッコ内は原義です。➡は国訓への転義です。

● 串（貫と同じで貫く）➡「くし焼き」のくし

● 主（中心人物。主君）➡相手を呼ぶ称。「おぬし」。また女が男を呼ぶ称。「ご主人」。「ぬしはいま駒形あたりほとときす」

●乗（乗り物にのる）➡調子にのる。だまされる。あいつの口車にのせられた。

●丸（円形・球状のもの）➡まるまる。そっくり。全部。「丸焼け」「丸はだか」

●乱（秩序がなくなること）➡みだれ。歌謡のともなわない能楽の舞

●丼（井戸。井戸に物が落ちる音）➡どんぶり。腹がけの前のかくし

●今（いま現在）➡その上に。重ねて。「今ひとたびの逢うよしもがな」

●件（区別する。ことがら・もの。事件）➡くだん。前に言ったり書いたりした物事。「よって件のごとし」

●但（ただし〜だけ。限定詞）➡ただし。但書

●余（あまる。余分にあること）➡度が過ぎること。あまりに愛しすぎて。目にあまる

●供（そなえる。設ける。支給する）➡従者。複数を表す接尾語。野郎ども

●候（うかがう。時節）➡謙譲語の「そうろう」。酔ってそうろう

●柏（ひのきなどの常緑樹）➡かしわ

●桂（もくせい）➡かつら。愛染桂

■国訓の分類

国訓についても、それらがどのようにして生まれたのかに

よって分類を試みてみましょう。

① 誤訳にもとづくもの

例えば、「椿」・「柏」などです。

国訓は動植物に多く見られますが、それはほとんど誤訳にもとづいていると思われます。

「椿」（音はチュン、慣用音はチン）は「ちゃん・ちゃんちゃん」といわれる落葉喬木《きょうぼく》で、また『荘子《そうし》』に「八千載を以て春と為し、八千載を以て秋と為す」とされるセンダン科の古代の霊木ですが、それを上代の日本人は「つばき」と訳しました。これは完全に誤訳にもとづいた国訓でしょう。

「柏」は、ひのきなどの常緑樹で、墓道に植えられたりします。『論語』に「歳寒くして、然る後に松柏の後れて彫(凋)むを知る（歳が寒くなってから、初めて松や柏がほかの木々よりも遅れてしぼむこを知る）」とあるように、変わらぬ節操を示す木として詩文にしばしば歌われ、『万葉集』にもそのような意味合いの歌がありますが、なにがどうしたわけか、「かしわ」と訳されてしまいました。

「鮎」（音はデン・ネン）は、中国ではなまずのことですが、日本では『万葉集』に「年魚」「香魚」、ともに美しい川魚の「あゆ」を指し、いまでもそのように使われています。

② 分解して解釈したことにもとづくもの

「噓」（口と虚でウソ）や「偲」（人と思でしのぶ）などが挙

げられます。また、「撦」は「裂く・開く」の意味を本来もつ字ですが、日本ではこの字を「奢」と「扌」に分解して「さ＋て」として、話題の転換のときに用いる副詞の「さて」に当てました。さらに、「撦」の誤字「偖」を「さて」と読むようになりました。

③　誤解にもとづくもの

「諦」(「明らかにする」が「あきらめる」)や「但」(「ただ」という限定詞が「しかし」)などが挙げられます。

しかし、諦を「あきらめる」としたのは「誤解」ではない可能性があります。古典語で「あきらむ」といえば、物事をはっきりと見定め明らかにすることですから、漢字でいえば「諦」の意味で用いられているわけです。

それが「これ以上どうすることもできないとわかってしまう」心の状態をいう言葉になったと考えるとすれば、はたして誤解といえるかどうか、難しいところです。

④　漢字に外来語の訓をつけるもの

「釦(ボタン)」や「頁(ページ)」などです。

これもまた本来の漢字の意味とは違いますので、国訓に分類してよいでしょう。

■奥深い国訓「侘」(わび)

「わび茶」「わびしい」の「侘(佗)」という字があります。

「わぶ」「わびし」という言葉は、すでに『万葉集』に十数例あります。

それらの使用例の意味を中西進の現代語訳で示せば、「物思い悲しむ・なげく・辛い思いをする・さびしい・落ちぶれる」とあって、苦悩・悲嘆・失意などを表しています。

『万葉集』ですからすべて漢字で表記されていますが、それはいわゆる「万葉仮名」で「和備・和備思」と表記され、「加度」を「門」、「加奈之・加奈思」を「悲し」というように和語の意味をもった漢字には変換されていません。

「わぶ」「わびし」の一面を表す語（熟語を含めて）はあっても、それらを包摂する語を見いだせなかったのです。その後、仮名が考案されると室町期に「侘」字が用いられるまで「仮名」でしか表記されませんでした。

さて、「わび」「わびし」に当てられた「侘（侘）」という字は、『史記』韓長孺伝《かんちょうじゅでん》に「鄙県《ひけん》に侘す」と出ていて、後漢の崔駰《さいいん》の注には「誇る」とあり、その注を『玉篇《ぎょくへん》』も受けています。また、戦国時代の楚《そ》の国の詩人屈原《くつげん》（前339?～前278年）の「離騒」に、

忳鬱邑余侘傺。

[忳（憂えること）として鬱邑（気がふさがること）して余侘傺す。]

とあり、西晋の詩人潘尼《はんに》の「西道の賦」に、

車低佪於潜軌　馬侘傺於険塗。

[車は潜き軌に低佪し、馬は険しき塗に侘傺す。]

とあって、「侘傺」という語が出てきますが、それは「離騒」に施された後漢の王逸《おういつ》という学者の注によれば、「失志皃（志を失ふ皃）」、心のうごきを失った様子、しょんぼりしている様子、を表すとともに、「侘」は「立つ皃」、「傺」は「住まる也」とあるように、立ったまま動けない様子、を表した言葉です。

『広韻《こういん》』に「侘傺は失意」とあり、『集韻《しゅういん》』に「侘傺は志を失ふ皃」とあるのも王逸《おういつ》の注を受けたものです。屈原《くつげん》はしょんぼりとして、悲しみのあまりに立ちつくしているのであり、馬は険しい山道に立ち往生しているという様子です。

「わぶ」に「侘」の字を当てたのは、「失意・失志」の意味を取ったのです。しかし日本人は「侘ぶ・侘び」という語に、一人でいることの寂寥感といったものを突き抜けて、簡素でしみじみとした深い趣きといった意味を込めています。そしてそれは、茶道や俳諧などでの中心的な原理を表す言葉にまで昇華したのです。

現在もわたしたちは、茶道や俳諧のたしなみがなくても、「侘」という語にそのようなニュアンスを感じ取るのではないでしょうか。植木市などで、「侘び助」などという名札がついている木を見つけると、一見なんの変哲もない木ですが、茶室のほの暗さをまとっているような感じさえも受けるのは、「侘」という語の日本的な意味にからめ取られているからに違いありません。

コラム

コーヒーの漢字表記

日本にコーヒーが初めて伝えられたのは室町時代ともいわれていますが、初めてコーヒーを飲んだ印象を記した日本人は、1804年（文化元年）、長崎奉行に派遣された幕臣の大田南畝《おおたなんぽ》（1749～1823年）です。蜀山人《しょくさんじん》、四方赤良《よものあから》、寝惚《ねぼけ》先生などの号をもつ狂歌師・戯作者として有名ですが、『瓊浦又綴《けいほゆうてつ》』という日誌の中で書いています。

「赤毛船にてカウヒイというものをすすむ、豆を黒く炒りて粉にし。白糖を和したるものなり、焦げくさくて味わふるに堪えず」と。

明治になって、いわゆる鹿鳴館《ろくめいかん》時代になると、西欧文明を象徴する飲み物として一部の上流階級に広まり、やがて1888年（明治21年）、コーヒー店「可否茶館」が開店しました。「可否」は「かひ」です。当時コーヒーは「カヒー」と発音されていたので、「可否」と表記されたのです。

江戸時代の文献には「コヲヒ」「かうひい」「カウヒイ」などの仮名表記のほかに、「可非」「加非」「骨喜」「骨川」や「古闘比伊」などの漢字表記があります。

現在も使われている「珈琲」の漢字表記は、江戸時代の科学者である宇田川榕庵《うだがわようあん》（1798～1846年）によって使われ始め、その後定着しました。

国字一覧

一部	㐂 き
ノ部	〆 しめ
人部	仐 さん／ 俤 おもかげ／ 俥 くるま／ 俣 また 働 どう・はたら―く
冫部	𠖱 ただ（姓氏「𠖱野」）／ 𠗐 にご
几部	凧 たこ／ 凪 なぎ・な―ぐ／ 凩 こがらし
刀部	屶 なた
力部	边 つよし
勹部	匂 にお―い／ 匁 もんめ
十部	斗 とと（姓氏「斗木」）
口部	叺 かます／ 听 さそ―う／ 旲 ゆり／ 噺 はなし 噌 そ（鹿児島県の旧郡名に「噌唹」。いまの曽於郡）
囗部	圀 くに
土部	圦 いり／ 圷 あくつ（姓氏、地名。常陸の国に「圷大野」） 坈 くろ／ 圸 まま（山形県長井市の地名に「圸の上」） 垈 ぬた・ぬまた／ 垰 たお／ 𡋽 まま（「壗」と同字） 垳 がけ（埼玉県の地名に「垳」） 垪 は（姓氏「垪和」、美作の国久米郡の地名に「垪和村」） 𡋤 くれ（宮城県の地名に「持𡋤沢」） 埖 ごみ（青森県三戸郡の地名に「埖渡」）／ 𡌛 さこ／ 𡋗 はけ 𡑮 はが（姓氏「𡑮」）／ 埢 どい（姓氏「埢田」） 塀 へい・かき／ 塰 あま（鹿児島県西之表市の地名に「塰泊」） 塑 そ（姓氏「導塑」） 壗 まま（姓氏「壗中」、静岡県田方郡の地名に「壗之上」）

土部	𡑮 そく（奈良時代、唐から伝来した漆工の技術。乾漆） 𡑕 くれ（宮城県の地名に「𡑕木場」） 壗 まま（神奈川県南足柄市の地名に「壗下」）
女部	屄 つび・ほと／ 嬶 かか・かかあ
山部	乢 たわ／ 𡶌 ほき 𡚴 あけび（滋賀県の地名に「𡚴原」。「妛」は俗字） 峅 くら（富山県中新川郡立山町の地名に「芦峅寺」「岩峅寺」） 𡶜 さこ／ 岼 ゆり／ 岾 やま（京都市左京区の旧地名に「広岾」） 𡸴 ぎゃく（福島県の地名に「𡸴台」）／ 嵙 やましな／ 嵡 たお 𡼞 せい（徳島県の地名に「抜𡼞」）／ 𡽶 やまのはな
弓部	弖 て／ 彅 なぎ
忄部	怺 こら—える
日部	𣇃 さやか
月部	腺 せん／ 膵 すい／ 腰 さおとめ／ 胯 また 膤 たら（熊本県の地名に「膤割」）
手部	扖 は—める／ 扨 さて／ 挘 むし—る／ 𢭏 むし—る 掵 はば（秋田県湯沢市の地名に「掵上」） 搣 も（姓氏「搣木」）
木部	杁 いり（愛知県の地名に「杁中」）／ 𣏐 くるみ／ 杦 すぎ 杣 そま／ 杢 もく／ 校 とがのき（姓氏「校栂木」） 栂 とが・つが／ 栃 とち（「杤」「櫔」は同字） 柾 まさ・まさき／ 桛 かせ／ 栫 やまぶき 椁 くれ（姓氏「椁林」）／ 桲 する（姓氏「桲子」） 梻 しきみ／ 梺 ふもと／ 栬 もみじ／ 桝 ます／ 椛 もみじ 㭨 おおこ（長崎県の地名に「㭨島」）／ 椚 くぬぎ／ 椡 くぬぎ 椣 しで／ 椙 すぎ／ 楠 たぶ（「椨」と同字）／ 𣗄 たも

木部	椥 なぎ（京都市の地名に「椥辻」「椥の森」） 楿 かつら／榀 こまい／榊 さかき／⿰木荒 たらのき 楾 はんぞう（「⿺瓦泉」に同じ）／榁 むろ ⿰木厚 ほう（福島県の地名に「⿰木厚木作（ほうのきざく）」） 槝 かし（鹿児島県阿久根市の地名に「槝之浦」） 樮 ほくそ（和歌山県日高郡の地名に「樮川」） 樰 たら・ゆき（姓「樰沢」「樰沢」）／⿰木黒 べんと・べんど 樫 かし／橲 じさ・ずさ／橳 ぬで／楅 まさ ⿰木葉 ゆずりは（「楪」は国字ではない）／⿰木鼠 くろべ 樇 たも（姓氏・地名「樇山」。地名は山形県村山市にある） ⿰木業 なぎ（姓氏「⿰木業良」）／樻 ひし（岩手県の地名に「樻輪田」） 欟 つき（欅の古名）
毛部	毟 むしーる
氵部	汄 いり（「圦」と同字） 汢 ぬた（高知県高岡郡の地名に「汢川」）／⿰氵和 なぎ 沒 そま（姓氏「沒川」）／溂 らつ／澳 おき／濹 ぼく
火部	燵 たつ
犭部	⿰犭夏 たじひ（まむしの古名）
玉部	⿱玨大 つまごと
瓦部	瓧 デカグラム／瓩 キログラム／瓰 デシグラム／瓲 トン 瓱 ミリグラム／瓸 ヘクトグラム／⿺瓦里 さらけ 瓺 ちょう・みか（大神神社の祭神「大物主櫛瓺玉命」） 甅 センチグラム／⿺瓦泉 はんぞう
田部	畩 けさ／畠 はたけ
疒部	癪 しゃく
石部	硴 かき（[牡蛎]）／硲 はざま／⿰石鳥 はし（姓氏「鷹⿰石鳥」）

禾部	䅣 ひび（姓氏「䅣井」） 穝 さい（岡山県岡山市の地名に「穝東」）
立部	竍 デカリットル／ 竏 キロリットル／ 竕 デシリットル 竓 ミリリットル／ 竡 ヘクトリットル／ 竰 センチリットル
竹部	𥫱 や／ 笂 うつぼ（群馬県前橋市の地名に「笂井」）／ 笹 ささ 笽 そうけ（姓氏「笽島（そうしま）」、富山県婦負郡の地名に「笽山」）／ 篒 おさ（福島県の地名に「篒ヶ作」）／ 簗 やな 篠 いざさ（姓氏「篠」）／ 簓 ささら／ 籏 はた／ 𥶡 たが 籡 しんし
米部	籵 デカメートル／ 粁 キロメートル／ 粂 くめ／ 籾 もみ 粏 だ・ぬかみそ／ 粍 ミリメートル 粭 すくも（山口県徳山市の地名に「粭島」） 粨 ヘクトメートル／ 糀 こうじ／ 糎 センチメートル 糘 すくも（広島県高田郡の地名に「糘地」）
糸部	𦀌 かたびら／ 綾 ひきづな／ 𦁈 きぬ／ 𦀶 のみ 綛 かすり・かぜ／ 綳 あき（姓氏「綳田」） 縅 おどし・おど−す／ 縨 ほろ 𦇆 しま（黄表紙の題に「為朝が𦇆廻」） 繧 うん（染色法、またその織物「繧繝」）／ 纃 かすり 纐 こう・しぼり（姓氏「纐纈（こうけつ）」）
耳部	聢 しか−と
舟部	𦨞 かわら／ 𦩗 たぎし／ 艝 そり 𦪷 あい（歌舞伎の演目に「藤川船𦪷話」）／ 艠 いかだ
艹部	苆 すさ 苧 お・う（姓氏「苧津・苧原」、青森県の地名に「中苧坪」） 𦯶 こも（姓氏「𦯶田」）／ 𦱳 くたび−れる

艹部	萢 やち（姓氏「萢中(やじなか)」、青森県の地名に「後萢」） 蒅 すくも／ 蓙 ざ（莫蓙）／ 蓜 はい（姓氏「蓜島・南蓜」） 蔶 す・すのこ／ 𦿶 くご（姓氏「𦿶井」、青森県の地名に「𦿶谷地」） 𦰩 なぎ／ 蘰 かずら／ 𦾰 つづら／ 𦯶 はぎ
虫部	蠏 かに／ 蚫 あわび／ 𧊅 に（姓氏「𧊅原」）／ 蛯 えび 𧏛 さきがい（𧏛貝、あかがいの古名）／ 蟎 だに 蟐 もみ・もむ（あかがえるの別名）／ 𧍒 かや
衣部	𧘕 ほろ／ 𧞔 えな／ 𧘔 かみ（「𧘔𧘝」で、かみしも）／ 𧘱 ふき 裃 かみしも／ 裄 ゆき／ 𧚄 かみこ／ 褄 つま／ 襷 たすき
身部	躮 せがれ／ 躵 ねら―う・こら―える・しの―ぶ 躻 うつけ・うつろ・まぬけ／ 躾 しつけ 軅 やが―て（「軈」に同じ）／ 𨉷 し／ 軈 やが―て
車部	𨋳 とこ／ 轌 そり
辶部	辷 すべ―る／ 込 こ―む・こ―める／ 辻 つじ 𨑞 はき（姓氏「𨑞田」）／ 迚 とて―も 𨑕 そり（長崎県の地名に「𨑕町」）／ 逧 さこ／ 遖 あっぱれ 迣 しめ／ 𨗉 おも―う
邑部	𨛗 むら
酉部	酛 もと
金部	釻 つく／ 𨥉 なた／ 𨥆 もじきり／ 䤿 かすがい／ 鉫 くまで 錺 かざり／ 𨦇 なた／ 錵 にえ／ 鋲 びょう 𨨞 かな・かま（姓氏「𨨞口（かまぐち)」）／ 錻 ブリキ 鍯 ただし（人名などに用いられた） 𨪙 はる（人名などに用いられた）／ 鎹 かすがい／ 鎺 はばき 𨦟 ひ／ 鏱 あきら／ 鑓 やり／ 鐀 やり 𨫤 ひ（山形県にある地名に「高𨫤」）

門部	閊 つか―える／ 閪 かずき（広島県の古地名に「野閪」）
阜部	𨸶 なる／ 陎 さえ
雨部	雫 しずく（磐城国の地名に「雫（しとけ）」、陸中国の地名に「雫石」）／ 靏 つる／ 靍 つる／ 靎 つる
革部	鞆 とも／ 鞐 こはぜ／ 䩋 ぬめかわ／ 𩋡 しころ
風部	颪 おろし／ 𩗗 ならい
食部	饂 うん（「饂飩（うどん）」）
馬部	駲 ばち（秋田県の地名に「駲川原（ばちがわら）」）
魚部	魞 えり／ 魹 とど／ 鮎 なまず 鮖 かじか（新潟県岩船郡の地名に「鮖谷」）／ 鮗 このしろ 鮇 まて・こち／ 鮱 ぼら／ 鮴 めばる・ごり／ 鯏 あさり 鯎 うぐい／ 鯑 かずのこ／ 鯒 こち／ 魶 こち／ 鯐 すばしり 𩸽 ほっけ／ 鯱 しゃち／ 鯳 すけとうだら／ 鯲 どじょう 鱠 なまず／ 䲖 はも・かます（「䲖網代」）／ 鰙 わかさぎ 𩺊 あら（スズキ科の海水魚）／ 鰚 はらか／ 鰘 むろあじ 鰯 いわし／ 鰰 はたはた／ 鰡 ぼら／ 鱇 こう（「鮟鱇」） 鱈 たら／ 鰥 かん（愛知県の地名に「寡鰥」）／ 鱛 えそ 鱚 きす／ 鱋 ほんまぐろ／ 鱜 きょう（字義→鱁）／ 鱪 しいら 鱩 はたはた／ 鱁 あい・むつ（「鱁鱜」は、子持ち鮎の塩漬け） 鱰 しいら（「鱪」に同じ）
鳥部	鳰 にお／ 鵆 ちどり／ 鴾 とき／ 鵈 とび 鴬 うそ（福島県の地名に「鴬張」）／ 鵤 いかるが／ 鵥 かけす 鶍 いすか／ 鶎 きくいただき／ 鶫 つぐみ／ 鵻 とり
麻部	麿 まろ
黒部	𪐷 くろ
亀部	𪚲 わき（姓氏「集𪚲（しゅうわき）」）

コラム

日本の漢字廃止論

前島密《まえじまひそか》（1835～1919年）といえば、日本における郵便制度の創始者であることがよく知られていますが、彼が1866年（慶応２年）に、最後の将軍・徳川慶喜《とくがわよしのぶ》に「漢《かん》字御廃止之議《じおんはいしのぎ》」という建白書を奉り、漢字を廃止して仮名で表記すべきことを主張したことは、あまり知られていません。

中国の漢字簡略化の政策と同じように、日本でも“漢字の非効率性”が批判され、廃止しようという動きがありました。1896年（明治２年）には、南部義籌《なんぶよしかず》という人が「ローマ字を国字とせよ」と訴えています。

その後、「新しい日本独自の国字を作るべきだ」とか、「日本語を捨てて英語にすべきだ」、「いやフランス語にすべきだ」とか、さまざまな議論が飛び交いますが、結局は“ローマ字論者”と“仮名論者”の二つの言語改造論にしぼられました。

1910年（明治16年）に「かなのくわい」が、翌年に「羅馬字会《ローマじ》」が結成されました。

前者の会員は１万人、後者は２万と称して盛んでしたが、「かなのくわい」の総裁が皇族であることからもわかるように、どちらも当時の特権階級に属するものが多く、会内の見解の相違もあり、数年後には会そのものが消滅しました。

しかしその後も漢字を廃止して、ローマ字とかなの違いはありますが、音標文字（一つの文字で一つの音を表す文字）を国語にするべきだという考えは生き続けました。その考えを受け取ったのが上田万年《かずとし》です。彼は帝国大学教授で、文部省国語調査会委員会の主事になった学者でしたが、音標文字にすることを前提とした漢字廃止運動は実を結びませんでした。

戦後は小説の神様といわれた作家・志《し》賀《が》直《なお》哉《や》が、「国語はフランス語がよい」といったり、アメリカ（GHQ）が漢字の廃止を勧告したりしました。

いまも仮名論者・ローマ字論者がいて、漢字滅亡論者・漢字不滅論者がいます。言葉はその表記を含めて“人”を作っています。漢字の廃止というあまりに大きな変化は、人為ではどうすることもできないでしょう。

4

常用漢字の改定

■常用漢字が変わった

「常用漢字」とは「法令・公用文書・新聞・雑誌・放送等、一般の社会生活で用いる場合の、効率的で共通性の高い漢字を収め、分かりやすく通じやすい文章を書き表すための漢字使用の目安」のことをいいます。

これは、1981年の文部省国語審議会答申前文の文言です。

しかし、パソコンや携帯電話などの情報機器が普及した今日、漢字使用の目安として機能しているかどうか検討の必要があると、2010年、29年ぶりに改定されました。

新しい「常用漢字表」に載ったのは2136字。これは使用頻度の高い3500字から、造語力の高いものなどを絞り込んだものです。

2010年の改定では、次ページの表のように196字が追加されました。

例えば、都道府県名に使っている「茨」「岡」等11字。「井」「呂」などの身近な漢字。法律関係の毀損《きそん》の「毀」や賄賂の「賂」。医学関係の「咽喉《いんこう》」「潰瘍《かいよう》」。歌舞伎の「伎」、浄瑠璃の「瑠璃」。

そのほか、「俺」が入り、「私」の読みは、従来は「わたくし」だけでしたが、「わたし」も追加されました。

「頃」、「挨拶」、元旦の「旦」、「鬱《うつ》」なども加わりました。

「常用漢字表」に追加された字種

挨	曖	宛	嵐	畏	萎	椅	彙	茨	咽	淫	唄	鬱	怨	媛	艶	旺
岡	臆	俺	苛	牙	瓦	楷	潰	諧	崖	蓋	骸	柿	顎	葛	釜	鎌
韓	玩	伎	亀	毀	畿	臼	嗅	巾	僅	錦	惧	串	窟	熊	詣	憬
稽	隙	桁	拳	鍵	舷	股	虎	錮	勾	梗	喉	乞	傲	駒	頃	痕
沙	挫	采	塞	埼	柵	刹	拶	斬	恣	摯	餌	鹿	叱	嫉	腫	呪
袖	羞	蹴	憧	拭	尻	芯	腎	須	裾	凄	醒	脊	戚	煎	羨	腺
詮	箋	膳	狙	遡	曽	爽	痩	踪	捉	遜	汰	唾	堆	戴	誰	旦
綻	緻	酎	貼	嘲	捗	椎	爪	鶴	諦	溺	塡	妬	賭	藤	瞳	栃
頓	貪	丼	那	奈	梨	謎	鍋	匂	虹	捻	罵	剝	箸	氾	汎	阪
斑	眉	膝	肘	訃	阜	蔽	餅	璧	蔑	哺	蜂	貌	頰	睦	勃	昧
枕	蜜	冥	麺	冶	弥	闇	喩	湧	妖	瘍	沃	拉	辣	藍	璃	慄
侶	瞭	瑠	呂	賂	弄	籠	麓	脇						【196字】		

「常用漢字表」から削減された字種

勺	錘	銑	脹	匁											【5字】

貪欲の「貪」、破綻の「綻」などが入ったことにより、「どん欲」「破たん」のような、字と仮名の交ぜ書きが減ったのは朗報といえるでしょう。

■今後の常用漢字

漢字を絞り込むという考え方は、明治時代からありました。「漢字が多すぎて学習が困難になっている」「教育水準向上の妨げになっている」などの疑義が出され、また「印刷業界にとっては多くの活字を用意しなければならず負担が大きい」などの意見も出ました。

戦後、漢字の簡素化と平明化により教育水準を向上させようという動きが起き、1946年、国語審議会の答申により、1850字からなる「当用漢字」が制定されました。

しかし、伝統文化である漢字を制限することは、表現の自由を侵害するという反対論も根強くありました。そこで、1981年に1945字の「常用漢字表」が制定されたのです。

これは、「使用の目安であって強制ではない」とされましたが、学習指導要領では義務教育で読みを習う漢字は常用漢字しか規定がなく、また使う漢字については、学年別漢字配当表にある漢字にとどまっています。

■時代の変化と常用漢字

時代や機器の変化、それぞれの立場・環境によっても「常用漢字」の影響や、それに対する考え方は異なります。今後も広く調査を進め、意見を募りながら（パブリックコメント）、「常用漢字表」の内容は見直されていくことでしょう。

5 人名漢字

■常用漢字と人名漢字の範囲で

生まれた赤ちゃんに一所懸命名前を考えて、役所に届けたら「この漢字は使えません」といわれるケースが、以前はよくありました。名前に使える漢字には、常用漢字と人名漢字があります。戸籍法第50条には「子の名には、常用平易な文字を用いなければならない」とあり、その範囲を施行規則で「(1) 常用漢字表に掲げる漢字、(2) 別表に掲げる漢字、(3) 片仮名または平仮名」としています。この(2)に示された漢字が人名用漢字（一般に人名漢字といわれる）です。

■60年間で1000字増えた

1946年に当用漢字が告示されたとき、人名に使われる多くの文字が入っていませんでした。人々の不満が高まり、その不備を補う形で、人名漢字が決められましたが、最初は92字でした。当時の当用漢字が1850字だったため、1942字が名前に使える範囲だったわけです。

その数がだんだん増えてきたのは、個性的な名前をつけたいという社会的要望が高まったためだと考えられます（なかには、裁判で争うケースもいくつか出たが、親側の敗訴)。

人名漢字の数の細かな変遷は、右ページの表で見ていただくとして、1951年には、当用漢字と人名漢字の合計が1942字だったものが、2010年の常用漢字の改定を経た結果、現在は2997字。60年あまりでおよそ1000字が増えたことになります。

名前はそれだけ個性化したのでしょう。

■人名漢字の認定の年から増えた「翔」

明治安田生命は自社の生命保険加入者を対象に、その年の新生児の名前のランキングを発表しています。「生まれ年別の名前調査」です。

この調査によれば、2011年のトップは男の子が「大翔」と「蓮」、女の子は「陽菜」と「結愛」となっています（読み方は136ページ参照）。

この男の子のトップのうち、翔の字が人名漢字として認められたのは1981年のことですから、意外と昔から認められていたような気がします。

では、その翔が、明治安田生命の調査でいつごろから登場してくるのか。なんと、翌年の1982年には第10位に登場し、次の年は6位にアップ、その後、1989年までトップテンに入っています。さらには、1987年には翔太という名前が3位に入り、翔も7位に残っているので、この字の人気は強いと知れます。

その人気の強さは、1989年に至って、もっとはっきりし

人名漢字の経緯	追加された漢字数	その時点での人名漢字数*	追加された代表的な漢字（抄）	常用（当用）漢字と人名漢字の合計
1951.5.1	92	92	乃 之 也 亙 亨 亮 嘉 圭 尚 晃 朋 淳 玲 蘭 郁 靖 龍 彦 祐 昌	1942文字
1976.7.1	28	120	佑 允 冴 喬 怜 悠 杏 梓 梢 梨 沙 渚 瑠 瞳 紗 絢 翠 耶 芙 茜 藍 那 隼	1970文字
1981.10.1	54	166	侑 峻 惇 惟 慧 昂 楓 璃 碧 緋 翔 脩 茉 莉 萌 蓉 蕗 虹 遥 遼 駿 この他に、人名用漢字許容字体表ができ205字が入った	2111文字
1990.3.1	118	284	凌 凜 凪 昴 暉 朔 叡 嬉 宥 嵐 嵯 彗 椿 毬 汀 澪 燎 燦 爽 秦 稀 邑	2229文字
1997.12.1	1	285	琉	2230文字
2004.2.1	1	286	曽	2231文字
2004.6.1	1	287	獅	2232文字
2004.7.1	3	290	毘 瀧 駕	2235文字
2004.9.1	488	983	俺 傭 兎 凛 苺 萱 芯 芦 苔 茨 葡 董 蒲 薙 實 雫 雁 遙 峯 麓	2928文字
	205		人名用漢字許容字体表を統合	
2009.4.1	2	985	祷 穹	2930文字
2010.11.1	5	861	常用漢字の改訂でこれまで人名漢字だったものが常用漢字となり、逆に当用漢字ではなくなり人名漢字には残ったものがある	2997文字

＊常用漢字になったため人名漢字からは外れたものなどがあるため、追加された文字の単純合計にはならない。

ます。この年は１月初めに年号が昭和から平成に変わった年です。すると早速、翔に平成の平をつけた「翔平」という名前が７位に登場。翌年も９位に入りました。

以降、翔と翔太のダブルトップテン入りは、2008年まで、１年を除いて、継続しています。

2011年のトップと同じ「大翔」は、2003年にいきなり第３位にランクしたかと思うと、2005年に１位、2006年に２位、その後はずっと第１位を続けています。2011年は、翔を使ったバリエーションの「陽翔」や「海翔」もトップテン入りしていますから、本当にこの字は名前として好まれていることになります。飛翔や翔《かけ》る、という字のイメージが人気の理由なのでしょう。

漢和辞典にも、他の用例では翔集という見慣れない言葉があるだけ。名前以外にはあまり見かけない文字といえます。

トップを分け合ったもう一つの名前「蓮」が人名漢字に入ったのは、1990年です。トップテンに入ってくるのは、９年後の1999年。第９位にランクインしたかと思うと、８位、５位、４位とランクアップし、2003年には８位に後退しますが、翌年は第１位に返り咲きました。それ以後もトップテンに入っていることが多いのです。

親の要望が実って人名漢字表に入り、人名漢字表に入ったから、親がさらに使うようになったのでしょうか。人名漢字表は珍しく人心を反映した制度なのかもしれません。

男性名前トップ10［翔と蓮のランキング］

	昭和57年 1982〔戌〕	昭和58年 1983〔亥〕	昭和59年 1984〔子〕	昭和60年 1985〔丑〕	昭和61年 1986〔寅〕
第１位	大輔	大輔	大輔	大輔	大輔
第２位	誠	健太	健太	拓也	達也
第３位	健太	直樹	誠	直樹	健太
第４位	大介	誠	直樹	健太	拓也
第５位	直樹	拓也	拓也	和也	和也
第６位	剛	翔	祐介	達也	翔
第７位	亮	和也	翔	亮	翔太
第８位	和也	徹	雄太	翔	亮
第９位	健太郎	大介	和也	洋平	雄太
第10位	翔	達也	優	徹	直樹

	昭和62年 1987〔卯〕	昭和63年 1988〔辰〕	平成元年 1989〔巳〕	平成２年 1990〔午〕	平成３年 1991〔未〕
第１位	達也	翔太	翔太	翔太	翔太
第２位	拓也	達也	拓也	拓也	拓也
第３位	翔太	拓也	健太	健太	健太
第４位	大輔	大輔	翔	大樹	翔
第５位	健太	健太	達也	亮	大樹
第６位	和也	和也	雄太	駿	翔平
第７位	翔	亮	翔平	雄太	大輔
第８位	直樹	竜也	大樹	達也	直樹
第９位	大樹	翔	亮	翔平	達也
第10位	亮	大樹	健太郎	大輔	雄太

「明治安田生命の生まれ年別の名前調査」より

	平成4年 1992〔申〕	平成5年 1993〔酉〕	平成6年 1994〔戌〕	平成7年 1995〔亥〕	平成8年 1996〔子〕
第1位	拓也	翔太	健太	拓也	翔太
第2位	健太	拓也	翔太	健太	健太
第3位	翔太	健太	拓也	翔太	大輝
第4位	翔	大樹	翼	翼	翼
第5位	大樹	大輝・翼	翔	大樹	大樹
第6位	大貴	―	大樹	大貴	拓海
第7位	貴大	大輔	大輔	翔	直人・達也
第8位	達也	大地	亮太	亮太	―
第9位	大輔	翔	大輝	拓哉	翔
第10位	和也	直樹・達也	大貴	雄大	康平・雄大・亮太

	平成9年 1997〔丑〕	平成10年 1998〔寅〕	平成11年 1999〔卯〕	平成12年 2000〔辰〕	平成13年 2001〔巳〕
第1位	翔太	大輝	大輝	翔	大輝
第2位	翔	海斗	拓海	翔太	翔
第3位	健太	翔	海斗	大輝	海斗
第4位	大輝	翔太	大輔・陸・翔	優斗・拓海	陸
第5位	陸	大地・大樹・拓海	―	―	蓮・翼
第6位	拓海	―	―	海斗	―
第7位	大地	―	大樹	竜也	健太・拓海
第8位	大樹	一輝	翔太	陸・蓮	―
第9位	翼・駿	涼太	健太・蓮	―	優太・翔太
第10位	―	匠・智也	―	一輝・健太・竜	―

	平成14年 2002〔午〕	平成15年 2003〔未〕	平成16年 2004〔申〕	平成17年 2005〔酉〕	平成18年 2006〔戌〕
第1位	駿	大輝	蓮	翔・大翔	陸
第2位	拓海・翔	翔	颯太	—	大翔
第3位	—	大翔・翔太	翔太・拓海	拓海	大輝・蓮
第4位	蓮	—	—	翔太	—
第5位	翔太・颯太	匠	大翔	颯太	翼
第6位	—	太陽・拓海	颯	翼	悠斗
第7位	海斗	—	翔・優斗・陸	海斗・輝	翔太
第8位	健太	蓮	—	—	海斗・空・優太・陽斗
第9位	大輝	悠斗	—	太陽・大和	—
第10位	大樹・優	海斗・翼	翼	—	—

	平成19年 2007〔亥〕	平成20年 2008〔子〕	平成21年 2009〔丑〕	平成22年 2010〔寅〕	平成23年 2011〔卯〕
第1位	大翔	大翔	大翔	大翔	大翔・蓮
第2位	蓮	悠斗	翔	悠真	—
第3位	大輝	陽向	瑛太・大和	翔	颯太
第4位	翔太	翔太	—	颯太・歩夢	樹・大和・陽翔
第5位	悠斗・陸	悠人・颯太	蓮	—	—
第6位	—	—	悠真・陽斗	颯真・蒼空・優斗	—
第7位	優太・優斗	悠太・翔	—	—	陸斗・太一
第8位	—	—	悠斗	—	—
第9位	大和	蓮	颯真・颯太	大雅・颯	海翔
第10位	健太・悠希・翔	駿・陸	—	—	蒼空・翼

2011年生まれの名前トップ10［漢字とその読み方］

（調査人数：3648人）

男の子		前年順位	名前	読み方（トップ3）	人数	占率
第1位	―	1位	大翔	①ヒロト ②ハルト ③ヤマト	24人	0.66%
	↑	19位	蓮	①レン	24人	0.66%
第3位	↑	4位	颯太	①ソウタ ②ハヤタ ③フウタ	18人	0.49%
第4位	↑	19位	樹	①イツキ ②タツキ ③イヅキ他	15人	0.41%
	↑	50位	大和	①ヤマト	15人	0.41%
	↑	ランク外	陽翔	①ハルト ②アキト ③ハルヒ他	15人	0.41%
第7位	↑	11位	陸斗	①リクト	14人	0.38%
	↑	ランク外	太一	①タイチ	14人	0.38%
第9位	↑	61位	海翔	①カイト	13人	0.36%
第10位	↓	6位	蒼空	①ソラ	12人	0.33%
	↑	61位	翼	①ツバサ	12人	0.33%

（調査人数：3503人）

女の子		前年順位	名前	読み方（トップ3）	人数	占率
第1位	↑	2位	陽菜	①ヒナ ②ハルナ ③ヒナタ	19人	0.54%
	↑	2位	結愛	①ユア ②ユウア ③ユイナ他	19人	0.54%
第3位	↑	7位	結依	①ユイ	18人	0.51%
第4位	↑	64位	杏	①アン ②アンズ	16人	0.46%
第5位	↓	2位	莉子	①リコ	15人	0.43%
	↑	6位	美羽	①ミウ ②ミハネ ③ミユ	15人	0.43%
	↑	9位	結菜	①ユナ ②ユイナ ユウナ	15人	0.43%
	↑	12位	心愛	①ココア ②ココナ ③コノア他	15人	0.43%
	↑	64位	愛菜	①マナ ②アイナ ③イトナ他	15人	0.43%
第10位	↓	9位	美咲	①ミサキ ②ミサ	14人	0.40%

「明治安田生命の生まれ年別の名前調査」より

6 義務教育で習う漢字

ここで、義務教育で習う漢字をおさらいしておきましょう。

小学校では、学年別漢字配当表というものが定められています。以下に示しますが、学年で定められたものは、その学年内で読めること、そして次の学年に行ったときには書けることとされています。

中学校では、学年別の決まりはないため、教科書によって使われる漢字はさまざまです。以下の表を見ていただけばわかりますが、中学校段階でもうかなり難しい漢字が含まれています。

読み書きできない漢字がいくつあるか、ぜひチェックしてみてください。

■小学校で習う漢字

▼小学１年生（計80字）

一	右	雨	円	王	音	下	火	花	貝	学	気	九	休	玉	金	空
月	犬	見	五	口	校	左	三	山	子	四	糸	字	耳	七	車	手
十	出	女	小	上	森	人	水	正	生	青	夕	石	赤	千	川	先
早	草	足	村	大	男	竹	中	虫	町	天	田	土	二	日	入	年
白	八	百	文	木	本	名	目	立	力	林	六					

▼小学２年生（計160字）

引	羽	雲	園	遠	何	科	夏	家	歌	画	回	会	海	絵	外	角
楽	活	間	丸	岩	顔	汽	記	帰	弓	牛	魚	京	強	教	近	兄
形	計	元	言	原	戸	古	午	後	語	工	公	広	交	光	考	行
高	黄	合	谷	国	黒	今	才	細	作	算	止	市	矢	姉	思	紙
寺	自	時	室	社	弱	首	秋	週	春	書	少	場	色	食	心	新
親	図	数	西	声	星	晴	切	雪	船	線	前	組	走	多	太	体
台	地	池	知	茶	昼	長	鳥	朝	直	通	弟	店	点	電	刀	冬
当	東	答	頭	同	道	読	内	南	肉	馬	売	買	麦	半	番	父
風	分	聞	米	歩	母	方	北	毎	妹	万	明	鳴	毛	門	夜	野
友	用	曜	来	里	理	話										

▼小学３年生（計200字）

悪	安	暗	医	委	意	育	員	院	飲	運	泳	駅	央	横	屋	温
化	荷	開	界	階	寒	感	漢	館	岸	起	期	客	究	急	級	宮
球	去	橋	業	曲	局	銀	区	苦	具	君	係	軽	血	決	研	県
庫	湖	向	幸	港	号	根	祭	皿	仕	死	使	始	指	歯	詩	次
事	持	式	実	写	者	主	守	取	酒	受	州	拾	終	習	集	住
重	宿	所	暑	助	昭	消	商	章	勝	乗	植	申	身	神	真	深
進	世	整	昔	全	相	送	想	息	速	族	他	打	対	待	代	第
題	炭	短	談	着	注	柱	丁	帳	調	追	定	庭	笛	鉄	転	都
度	投	豆	島	湯	登	等	動	童	農	波	配	倍	箱	畑	発	反
坂	板	皮	悲	美	鼻	筆	氷	表	秒	病	品	負	部	服	福	物
平	返	勉	放	味	命	面	問	役	薬	由	油	有	遊	予	羊	洋
葉	陽	様	落	流	旅	両	緑	礼	列	練	路	和				

▼小学４年生（計200字）

愛	案	以	衣	位	囲	胃	印	英	栄	塩	億	加	果	貨	課	芽
改	械	害	各	覚	街	完	官	管	関	観	願	希	季	紀	喜	旗
器	機	議	求	泣	救	給	挙	漁	共	協	鏡	競	極	訓	軍	郡
径	型	景	芸	欠	結	建	健	験	固	功	好	候	航	康	告	差
菜	最	材	昨	札	刷	殺	察	参	産	散	残	士	氏	史	司	試
児	治	辞	失	借	種	周	祝	順	初	松	笑	唱	焼	象	照	賞
臣	信	成	省	清	静	席	積	折	節	説	浅	戦	選	然	争	倉
巣	束	側	続	卒	孫	帯	隊	達	単	置	仲	貯	兆	腸	低	底
停	的	典	伝	徒	努	灯	堂	働	特	得	毒	熱	念	敗	梅	博
飯	飛	費	必	票	標	不	夫	付	府	副	粉	兵	別	辺	変	便
包	法	望	牧	末	満	未	脈	民	無	約	勇	要	養	浴	利	陸
良	料	量	輪	類	令	冷	例	歴	連	老	労	録				

▼小学５年生（計185字）

圧	移	因	永	営	衛	易	益	液	演	応	往	桜	恩	可	仮	価
河	過	快	賀	解	格	確	額	刊	幹	慣	眼	基	寄	規	技	義
逆	久	旧	居	許	境	均	禁	句	群	経	潔	件	券	険	検	限
現	減	故	個	護	効	厚	耕	鉱	構	興	講	混	査	再	災	妻
採	際	在	財	罪	雑	酸	賛	支	志	枝	師	資	飼	示	似	識
質	舎	謝	授	修	述	術	準	序	招	承	証	条	状	常	情	織
職	制	性	政	勢	精	製	税	責	績	接	設	舌	絶	銭	祖	素
総	造	像	増	則	測	属	率	損	退	貸	態	団	断	築	張	提
程	適	敵	統	銅	導	徳	独	任	燃	能	破	犯	判	版	比	肥
非	備	俵	評	貧	布	婦	富	武	復	複	仏	編	弁	保	墓	報
豊	防	貿	暴	務	夢	迷	綿	輸	余	預	容	略	留	領		

▼小学6年生（計181字）

異	遺	域	宇	映	延	沿	我	灰	拡	革	閣	割	株	干	巻	看
簡	危	机	貴	揮	疑	吸	供	胸	郷	勤	筋	系	敬	警	劇	激
穴	絹	権	憲	源	厳	己	呼	誤	后	孝	皇	紅	降	鋼	刻	穀
骨	困	砂	座	済	裁	策	冊	蚕	至	私	姿	視	詞	誌	磁	射
捨	尺	若	樹	収	宗	就	衆	従	縦	縮	熟	純	処	署	諸	除
将	傷	障	城	蒸	針	仁	垂	推	寸	盛	聖	誠	宣	専	泉	洗
染	善	奏	窓	創	装	層	操	蔵	臓	存	尊	宅	担	探	誕	段
暖	値	宙	忠	著	庁	頂	潮	賃	痛	展	討	党	糖	届	難	乳
認	納	脳	派	拝	背	肺	俳	班	晩	否	批	秘	腹	奮	並	陛
閉	片	補	暮	宝	訪	亡	忘	棒	枚	幕	密	盟	模	訳	郵	優
幼	欲	翌	乱	卵	覧	裏	律	臨	朗	論						

■中学校で習う漢字

▼画数：1画

乙																

▼画数：2画

又	了															

▼画数：3画

及	勺	丈	刃	凡	与											

▼画数：4画

井	介	刈	凶	斤	幻	互	孔	升	冗	双	丹	弔	斗	屯	匹	乏
勿	厄															

▼画数：5画

凹	且	甘	丘	巨	玄	巧	甲	込	囚	汁	召	斥	仙	占	奴	凸
尼	払	丙	矛													

▼画数：6画

扱	芋	汚	汗	缶	企	吉	朽	叫	仰	刑	江	旨	芝	朱	舟	充
旬	巡	匠	尽	迅	壮	吐	弐	如	肌	伐	帆	妃	伏	忙	朴	妄
吏	劣															

▼画数：7画

亜	壱	沖	戒	肝	含	岐	忌	却	狂	吟	迎	呉	坑	抗	攻	更
克	佐	伺	寿	秀	床	抄	肖	伸	辛	吹	杉	即	妥	択	沢	但
沈	呈	廷	尿	妊	忍	把	伯	抜	伴	尾	扶	芳	邦	坊	妨	没
妙	戻	抑	励													

▼画数：8画

依	炎	押	欧	殴	佳	怪	拐	劾	岳	奇	祈	宜	拒	拠	享	況
屈	茎	肩	弦	拘	肯	昆	刺	祉	肢	侍	邪	叔	尚	昇	沼	炊
枢	姓	征	斉	析	拙	阻	卓	拓	抽	坪	抵	邸	泥	迭	到	突
杯	拍	泊	迫	彼	披	泌	苗	怖	附	侮	沸	併	奉	抱	泡	房
肪	奔	抹	岬	免	茂	盲	炉	枠								

▼画数：9画

哀	威	為	姻	疫	卸	架	悔	皆	垣	括	冠	軌	虐	糾	峡	挟
狭	契	孤	弧	枯	侯	恒	洪	荒	郊	香	拷	恨	砕	咲	削	施
狩	臭	柔	俊	盾	叙	浄	侵	甚	帥	是	牲	窃	荘	促	俗	耐
怠	胎	胆	衷	挑	勅	珍	津	亭	貞	帝	訂	怒	逃	洞	峠	卑
赴	封	柄	胞	某	冒	盆	柳	幽	厘	郎						

▼画数：10画

浦	悦	宴	翁	華	蚊	核	陥	既	飢	鬼	恐	恭	脅	桑	恵	倹
兼	剣	軒	娯	悟	貢	剛	唆	宰	栽	剤	索	桟	脂	疾	酌	殊
珠	准	殉	徐	宵	症	祥	称	辱	唇	娠	振	浸	陣	粋	衰	畝
逝	隻	扇	栓	租	捜	挿	泰	託	恥	致	畜	逐	秩	朕	逓	哲
途	倒	凍	唐	桃	透	胴	匿	悩	畔	般	疲	被	姫	浜	敏	浮
紛	捕	倣	俸	峰	砲	剖	紡	埋	眠	娘	耗	紋	竜	倫	涙	烈
恋	浪															

▼画数：11画

尉	逸	陰	菓	涯	殻	郭	掛	喝	渇	乾	勘	患	貫	偽	菊	脚
虚	菌	偶	掘	啓	掲	渓	蛍	控	婚	紺	彩	斎	崎	惨	執	赦
斜	蛇	釈	寂	渋	淑	粛	庶	渉	紹	訟	剰	紳	酔	崇	据	惜
旋	措	粗	掃	曹	袋	逮	脱	淡	窒	彫	眺	陳	釣	偵	添	悼
盗	陶	豚	軟	猫	粘	婆	排	培	陪	舶	販	描	瓶	符	偏	崩
堀	麻	猛	唯	悠	庸	粒	隆	涼	猟	陵	累					

▼画数：12画

握	偉	渦	詠	越	援	奥	喚	堪	換	敢	棺	款	閑	幾	棋	欺
喫	距	暁	琴	遇	隅	圏	堅	雇	御	慌	硬	絞	項	詐	傘	紫
滋	軸	湿	煮	循	掌	晶	焦	硝	粧	詔	畳	殖	診	尋	酢	遂
随	疎	訴	喪	葬	堕	惰	替	棚	弾	遅	超	塚	堤	渡	塔	搭
棟	痘	筒	鈍	廃	媒	蛮	扉	普	幅	雰	塀	遍	募	傍	帽	婿
愉	猶	裕	雄	揚	揺	絡	痢	硫	塁	裂	廊	惑	湾	腕		

▼画数：13画

違	煙	猿	鉛	嫁	暇	禍	雅	塊	慨	該	較	隔	滑	褐	勧	寛
頑	棄	詰	愚	虞	靴	傾	携	継	傑	嫌	献	遣	誇	鼓	碁	溝
腰	債	催	歳	載	搾	嗣	雌	慈	愁	酬	奨	詳	飾	触	寝	慎
睡	跡	摂	践	禅	塑	僧	賊	滞	滝	嘆	痴	稚	蓄	脹	跳	艇
殿	塗	督	漠	鉢	搬	煩	頒	微	飽	滅	誉	溶	裸	雷	酪	虜
鈴	零	廉	楼	賄												

▼画数：14画

維	稲	隠	寡	箇	概	駆	綱	酵	豪	酷	獄	魂	漆	遮	需	銃
塾	緒	彰	誓	銑	漸	遭	憎	駄	奪	端	嫡	徴	漬	摘	滴	寧
髪	罰	閥	碑	漂	腐	慕	僕	墨	膜	慢	漫	銘	網	誘	踊	僚
暦	漏															

▼画数：15画

慰	影	鋭	謁	閲	縁	稼	餓	潟	歓	監	緩	輝	儀	戯	窮	緊
勲	慶	撃	稿	撮	暫	賜	趣	潤	遵	衝	嘱	審	震	澄	請	潜
遷	槽	諾	鋳	駐	墜	締	徹	撤	踏	縄	輩	賠	範	盤	罷	賓
敷	膚	賦	舞	噴	墳	憤	幣	弊	舗	穂	褒	撲	摩	魅	黙	憂
窯	履	慮	寮	霊												

▼画数：16画

緯	憶	穏	壊	懐	獲	憾	還	凝	薫	憩	賢	衡	墾	錯	諮	儒
獣	壌	嬢	錠	薪	錘	薦	濁	壇	篤	曇	濃	薄	縛	繁	避	壁
縫	膨	謀	磨	諭	融	擁	謡	頼	隣	隷	錬					

▼画数：17画

嚇	轄	環	擬	犠	矯	謹	謙	購	懇	擦	爵	醜	償	礁	繊	鮮
燥	霜	濯	鍛	聴	謄	頻	翼	療	齢							

▼画数：18画

穫	騎	襟	顕	鎖	瞬	繕	礎	騒	贈	懲	鎮	闘	藩	覆	癖	翻
繭	癒	濫	糧													

▼画数：19画

韻	繰	鶏	鯨	璽	髄	瀬	藻	覇	爆	譜	簿	霧	羅	離	麗	

▼画数：20画

響	懸	鐘	譲	醸	籍	騰	欄									

▼画数：21画

艦	顧	魔	躍	露												

▼画数：22画

驚	襲															

▼画数：23画

鑑																

難読語編

1

難読語とは何か

漢字には特殊な読み方をするものがあります。特殊な読み方というのは、音読みにせよ訓読みにせよ、その漢字に普通にあたえられている読み方をしないということです。

それが〈難読〉というものです。例えば、中国の古い書物『穆天子伝《ぼくてんしでん》』の中に「囼固」という人名が出てきます。わたしにはなんと読むのかわからなかったので、諸橋轍次《もろはしてつじ》の『大漢和辞典』で調べると「タイヘイ」とありました。これはわたしが知らなかっただけで、〈特殊な読み方〉ではありません。つまり難読語ではありません。難読語は個々人の知識の量によって決められるものではありません。しかし、一般的にはそのような語も難読語と見なされ、実際それらの語を収録している難読語辞典もあります。

おそらく世界のさまざまな言語表現の中で難読語があるのは日本語ぐらいではないでしょうか。中国や韓国、北朝鮮でも漢字を使いますが、ほとんどの場合、一つの漢字の読み方は一つだけです。

わたしが知らないだけで、難読語をもつ言語表記があるかもしれませんが、わたしたちには１万数千もの語数を収録した難読語辞典があるほどなのです（しかもこの辞典には、人名・

地名・書名および西欧語に対する当て字は収録対象から外されています）。地名については難読地名辞典があります。このような言語表記をもつ民族や国がほかにあるでしょうか。

■難読語が生まれたわけ

難読語はわたしたちのごく日常的な世界にまで及んでいる現象で、人名などはその最たるものでしょう。たいていの漢和辞典には、字義（文字の意味）の説明のあとに「名乗《なのり》」とか「名前」とかいう項目が立てられているのをご存じでしょう。生まれた赤ちゃんに名前をつける場合、この「名乗」「名前」のところを参考にする人も多いようです。

ところが、ある読み方のわからない名前を調べようと、漢和辞典でその漢字の「名乗」「名前」の項を見てもわからない場合があります。

わたしの友人の娘さんに「包子」という人がいます。「もとこ」と読みます。ちなみに諸橋轍次《もろはしてつじ》の『大漢和辞典』「名乗」の項を見てみますと、「カタ。カツ。カヌ。カネ。シゲ」とあって「モト」はありません。

ところが、字義のところを見ると、『集韻《しゅういん》』という字書を引いて「包、一曰、本也」とあるではありませんか。訓読すれば「包は、一に曰く、本なり」、意味は「包はある本にはもとだ」というのです。「もと」という読みは、これにもとづいているに違いありません。

2011年の東日本大震災のあと、「上を向いて歩こう」という歌が歌われましたが、オリジナルは1961年に坂本九という歌手が歌って、世界的なヒットとなった歌です。さて、坂本九＝サカモトキュウと読みますが、本名は九と書いて、ひさしと読みます。これも、意味をたどらないと読めないでしょう（ちなみに名乗《なのり》には載ってはいます）。

こうした、皆目見当もつかないような読み方をする名前をもつ友人知人は、みなさんの周りにも多いことでしょう。ほかの人がたやすく理解することを拒んでいるのではないかとさえ思ってしまいます。

こうした現象は、実は漢字を受容し、駆使し始めたころから見られます。『万葉集』の歌を例にとって具体的に見てみましょう。わたしたち祖先の漢字の使い方の実態にも触れることになりますので、原文を掲げて示します。

柿本人麿《かきのもとのひとまろ》の歌で、溺死した「出雲娘子《いずものおとめ》」を吉野で火葬にしたときのようすを歌ったものです（歌の末尾に付した数字は、はじめの「3」が巻数、次の数字が『国歌大観』の番号です）。

山際従　出雲児等　霧有哉　吉野山　嶺霏霺（3・429）

[山の際《ま》ゆ　出雲の児らは　霧なれや　吉野の山の　嶺にたなびく]

最後の、「霏霺《ひび》」を「たなびく」と読ませています。「霏霺」という語は、「霏微」という表記で梁《りょう》の詩人何遜《かそん》（467?～518?年）の「七召」と題する作品に出てきます。

意味は少しばかりニュアンスが違うのですが、いまはそのことは問いません。問題は「たなびく」という言葉の表記に「霏霺」という語を用いていることです。

「棚引」でよかったはずです。作者による表記かどうかはわかりませんが、中国でも詩文に使用されることの少ない「霏霺（微）」という語が、万葉びとの（たとえ知識層であっても）共通理解のもとにあったとは思えません。

つまり、より多くの人々に正しく伝えたい、という意思が感じられません。喜びには、自分たちだけのもの、自分たちだけのヒミツという、仲間内だけで所有する喜びがあるものです。この表記にもそのような意識が潜んではいないでしょうか。『万葉集』においては、そのような読みは例外ではなく、特に「略体歌」と呼ばれる、助詞・助動詞が省略されることの多い歌は、そのような性質をもっているようです。

ここには、他者の容易な理解を拒絶することによって独自の世界を形成しようとする、一種の美意識とでもいうべきものがあるようです。それが難読語を生み出す要因でもあると思われます。そのような意味では、難読語は閉ざされた社会の産物としての性質を帯びています。

しかしながら、それゆえにこそ、難読語はわたしたち日本人の隠された次元を垣間見させる手品師ともいえます。

■難読語を分類してみると

さて次に難読語を具体的に見ていくことにしましょう。

難読語は大きく分けると次のようになります。

❶外来語（特に中国語、まれに朝鮮語・西欧語）にもとづく読み
❷外来語（特に中国語、まれに朝鮮語・西欧語）の翻訳読み
❸ある集団（職業や地域）内で通用する読み（人名・地名も含まれる）
❹時代に特有の用語の読み

また、難読の多いものには、

❺物や動植物の名前の読み
❻民族・民俗・風俗習慣を表す語の読み
❼自然現象を表す語の読み

などがあります。

これは便宜上分けてみただけで、❶と❷がほかのすべての項目に含まれたり、❸が❹に含まれたりと、それぞれ重なる部分をもっています。

上の分類に従って、難読語を例示しました。読者のみなさんは、どれだけご存じでしょうか？　全部で100例あります。読みは項目ごとの末尾に示しましたが、なるべくそれを見ずに、できれば自分で調べてみてください。意味や用例が豊富に得られることはもちろんですが、調べていく過程で、思いもよらぬ発見があって、たいへん楽しいものですから。

（引用した万葉集の歌は中西進『万葉集　全訳注・原文付』講談社文庫に拠りました）

■難読語の分類例

❶外来語にもとづく読み（外来語の音を表さない語も含む）

1. 赤古里（韓国語）
2. 経行（仏教用語）
3. 雑砕（「炒汁砕」とも表記）
4. 卓袱（もとは唐音）
5. 卓袱台（もとは北京語）
6. 生飯（「散飯」とも表記。「生飯台」を設えている寺院もあります）
7. 沈菜（韓国語）
8. 菠薐草（「菠薐」は唐音。中国語で「菠菜（bo cai）」）
9. 老頭児（中国語）
10. 仮漆（英語。塗料の一種）
11. 忽布（もとはオランダ語）
12. 割瓜（江戸時代、オランダ渡りのナイフ）
13. 混凝土
14. 山樝子（単漢字では「朹」）

1.ちょごり	2.きょうぎょう（「きんひん」とも）		
3.ちゃぷすい	4.しっぽく	5.ちゃぶだい	6.さば
7.きむち	8.ほうれんそう	9.ろうとる	10.ニス
11.ホップ	12.かっぷり	13.コンクリート	14.さんざし

❷外来語の翻訳読み

1. 蟋蟀（石田波郷「蟋蟀に覚めしや胸の手をほどく」）
2. 車前
3. 蕺草
4. 独活
5. 鞦韆（「ぶらんこ」の古い言い方）
6. 障泥
7. 楊櫨
8. 鴟尾（「鵄尾」とも表記。もちろん音読みはしません）
9. 鳳梨（中国語で「fengli」と発音。英語では…）
10. 蕦草
11. 膠泥（英語では…）
12. 蘩蔞（春の七草の一つ）
13. 蘡薁（飯田蛇笏「蘡薁のここだく踏まれ茶毘の径」）
14. 棠棣（「唐棣・朱華」とも表記。大伴家持「夏まけて咲きたる唐棣ひさかたの雨うち降ればうつろひなむか」万葉集4・1485、吉井勇「旅ゆけば棠棣の衣もおもしろとある夜かづきて君がりかよふ」）

1.こおろぎ	2.おおばこ	3.どくだみ	4.うど
5.ふらここ	6.あおり	7.うつぎ	8.とびのお
9.パイナップル	10.はなすげ	11.モルタル	
12.はこべ（「はこべら」とも）		13.えびづる	14.はねず

❸ある集団内で通用する読み

1. 癋面（「圧面」とも表記）
2. 女掏摸（「おんなすり」とは読みません）
3. 牽頭
4. 一揃（「ひとそろえ」と読まなければ…）
5. 夏安居
6. 魚梆（寺の廻廊につり下げられた木製の魚。巨大なものが宇治の黄檗宗の総本山・万福寺にあります）
7. 妓夫
8. 神籬
9. 外連
10. 屈輪（唐草や渦の文様）
11. 魚子（「魚々子」とも）
12. 響銅（笙のリード）
13. 提宇子（ポルトガル語による）
14. 直面（風姿花伝「能の位上がらねば、直面は見られぬものなり」）
15. 梵論（「梵論師」。加舎白雄「吹きつれて梵論も彼岸の歩みかな」）

1.べしみ	2.めんびき	3.たいこもち	4.ぴんぞろ
5.げあんご	6.かいぱん	7.ぎゆう	8.ひもろぎ
9.けれん	10.ぐり	11.ななこ	12.さはり
13.ダイウス	14.ひためん	15.ぼろ	

❹時代に特有の用語の読み

1. 部領使（防人を引率する官）
2. 酸漿（「ほおずき」と読まなければ…。古事記・上「その目は赤酸漿のごとくして、身一つに八頭八尾あり」）
3. 主典（律令制の四等官の最下位）
4. 膳人
5. 賭弓（宮廷行事の一つ）
6. 汗衫
7. 牛蒡（「ゴボウ」と読まなければ…）
8. 五月蠅（「うるさい」とも読みますが…）
9. 水駅（服部嵐雪「萍の実もいさぎよし水駅」）
10. 御統（古事記・上「御統の珠」）
11. 案山子（「あんざんし」とも「かかし」とも読みません。よみびとしらず「あしひきの山田の案山子おのれさへわれを欲しといふうれはしきこと」古今和歌集19・1027）

1.ことりづかい	2.かがち	3.さかん	4.かしわびと
5.のりゆみ	6.かざみ	7.うまふぶき	8.さばえ
9.みずうまや	10.みすまる	11.そほづ（上代は「そほど」）	

❺物や動植物の名前の読み

1. 編木（「拍板」とも表記。「簓木」のこと）
2. 梅花皮（「鰄」とも表記）
3. 酢漿草

4. 蠛蠓（細谷鳩舎「わが抜けし蠛蠓妻を捕へをり」）

5. 黒駁

6. 接骨木

7. 木居鳥（鷹の異称）

8. 烏頭（「附子」はアイヌ語の漢字表記。「うづ」とも読みます。広瀬惟然「紫の花の乱れや烏頭」）

9. 篦中（矢柄の中程）

10. 草薢（宝井其角「守梅《もるうめ》の遊びわざなり野老売」の「野老」）

11. 項瘤

12. 五倍子（富安風生「中山は材木の町五倍子を干し）

13. 新松子（松瀬青々「新松子にあたり爽ぐ艸の庵」）

14. 青鷹（「アオタカ」と読まなければ…。能村登四郎「翔つときの精気が掠む青鷹」）

15. 榕樹

16. 猿麻桛（漢名「松羅」）

17. 獦子鳥（「花鶏」とも表記。刑部虫麿「国めぐり獦子鳥鴨梟行きめぐり帰り来までに斎ひて待たね」万葉集・4339）

18. 海苔箕（海苔の養殖に）

19. 中膨（鯵のこと。宝井其角「夕塩や客に間に合ふ中膨」）

1.びんさざら　2.かいらぎ　3.かたばみ　4.まくなぎ
5.くろぶち　6.にわとこ　7.こいどり　8.とりかぶと

9.のなか	10.ところ	11.うなこぶ	12.ふし
13.しんちぢり	14.もろがえり	15.がじゅまろ	16.さるおがせ
17.あとり	18.のりひび	19.なかぶくら	

❻民族・民俗・風俗習慣を表す語の読み

1. 着衣始（池西言水「腰替り人魚の幾代を着衣始」）
2. 還来穢国
3. 豊穣祭
4. 節季候（松尾芭蕉「節季候を雀の笑ふ出《で》立《だち》かな」）
5. 鳳巾（二通りの読み。金令舎道彦「切れ鳳巾をのせて来にけり戻り駕」、服部嵐雪「糸つくる人と遊ぶや鳳巾」）
6. 蹲踞（茶室の前にある）
7. 藁堆（「藁塚」をそう読ませる場合がある。伊丹三樹彦「ふるさとの等身大の藁塚を抱く」）
8. 終年（大島蓼太「終年や美人に似たるすみだ川」）
9. 紗綾形
10. 侏儒舞（平安時代の猿楽の一種）
11. 納音（占いの一種）
12. 団乱旋（雅楽の一つ）
13. 呉織
14. 早苗饗（橋本鶏二「早苗饗の灯の暈ならぶ麓村」）
15. 歩荷
16. 竈堗（「曲突」とも当てる。加舎白雄「樹々深く祭りのあとの野曲突かな」）

17. 葩煎（「糄」「爆米」とも表記）

1.きそはじめ　2.げんらいえこく　3.きがい　4.せきぞろ
5.たこ・いかのぼり　6.つくばい　7.にお　8.おつどし
9.さやがた　10.ひきひとまい（ひきうとまい・ひきまい）
11.なっちん　12.とらでん（とらんでん）　13くれはとり
14.さなぶり　15.ぼっか　16.くど　17.はぜ

❼自然現象を表す語の読み

1. 送南風
2. 黒南風（石川桂郎「黒南風や復刻本の文字かすれ」）
3. 虎落笛（山口波津女「虎落笛子をとられたる獣のこゑ」）
4. 夕星
5. 行潦
6. 白雨（「はくう・しらさめ」と読まなければ…）
7. 秋黴雨
8. 末黒野（小沢満佐子「末黒野や淀急流となりて曲る」）
9. 野馬（「糸遊」のこと。野沢凡兆「野馬に子供あそばす狐哉」）
10. 御降（元日に降る雪や雨。小林一茶「御降や草の庵のもりはじめ」）

1.おくりばえ　2.くろはえ　3.もがりぶえ
4.ゆうつづ（ゆうずつ）　5.にわたずみ　6.ゆうだち
7.あきついり　8.すぐろの　9.かげろう　10.おさがり

難読漢字クイズ

漢字、一文字

掌編小説なら「しょう」だが…

掌

2

もちろん「でん」じゃないほう

伝

1

頭の一部

項

3

「びょう」のほうじゃなくて

病

4

張っている人もいる

鰓

5

誰かがうわさ

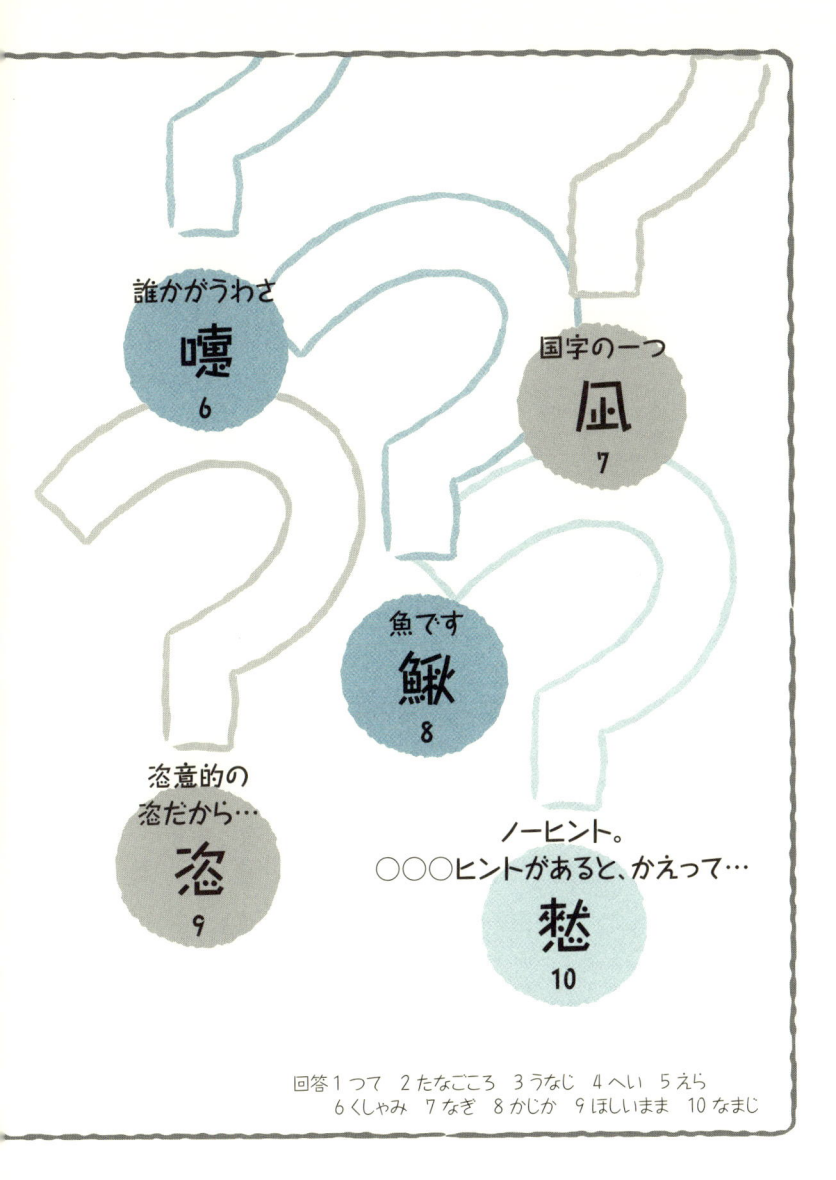

嚔

6

国字の一つ

凪

7

魚です

鰍

8

恣意的の
恣だから…

恣

9

ノーヒント。
○○○ヒントがあると、かえって…

憖

10

回答 1 つて 2 たなごころ 3 うなじ 4 へい 5 えら
6 くしゃみ 7 なぎ 8 かじか 9 ほしいまま 10 なまじ

難読漢字クイズ

もうひとつの読み方

「ほうまつ」とも読むけど…

泡沫

1

傀儡政権のときは
「かいらい」だけど

傀儡

2

もちろん
「きかん」じゃなくて

機関

3

もちろん
「あそび」じゃないほうは?

遊び

4

「せいぎょう」のほう
じゃなくて

生業

5

「みとめる」のほう
じゃなくて

認める

6

徐行の徐です

徐に

7

○○○○と見る

熟

8

陰の存在なら「くろこ」だが、
わりと目立つことが多い

黒子

9

送り仮名は送らないで
このまま読む

出来

10

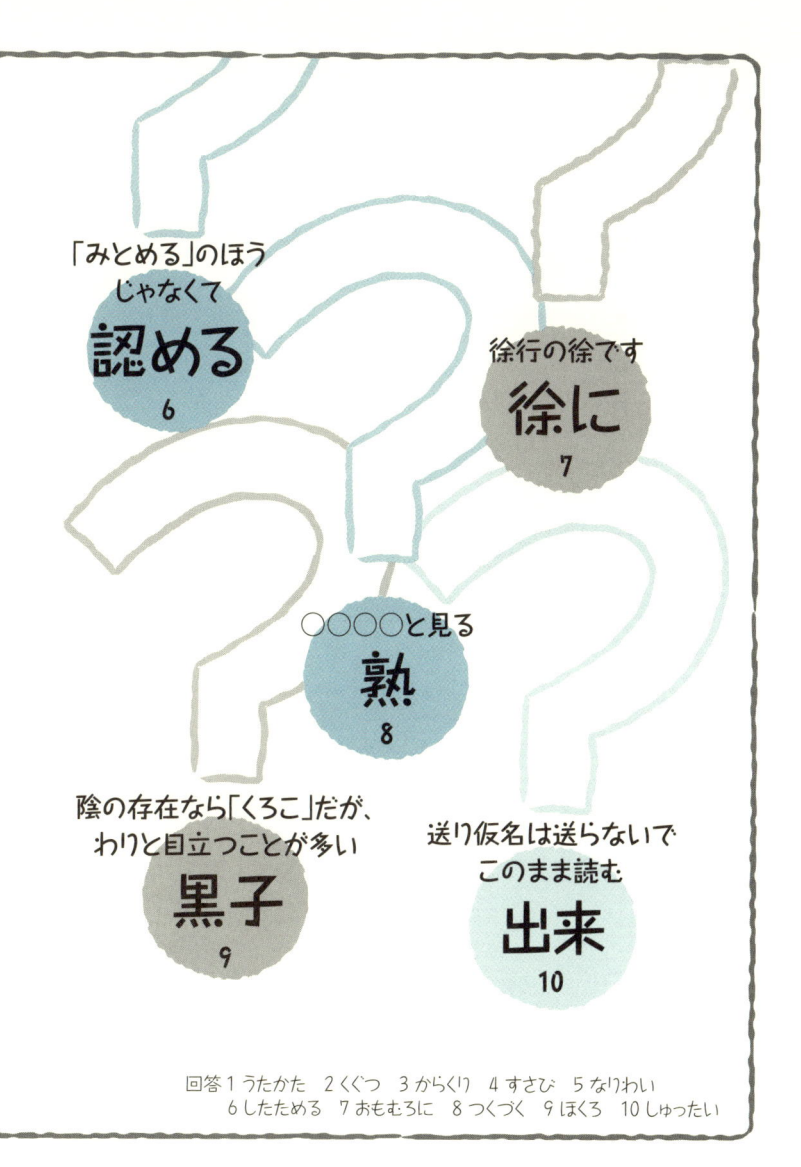

回答 1 うたかた　2 くぐつ　3 からくり　4 すさび　5 なりわい
6 したためる　7 おもむろに　8 つくづく　9 ほくろ　10 しゅったい

難読漢字クイズ

簡単だけど案外読めない

左は「いく」でOK

幾何

1

ついネ

転寝

2

寂しい

末枯れ

3

虫

集く

4

立場を

弁える

5

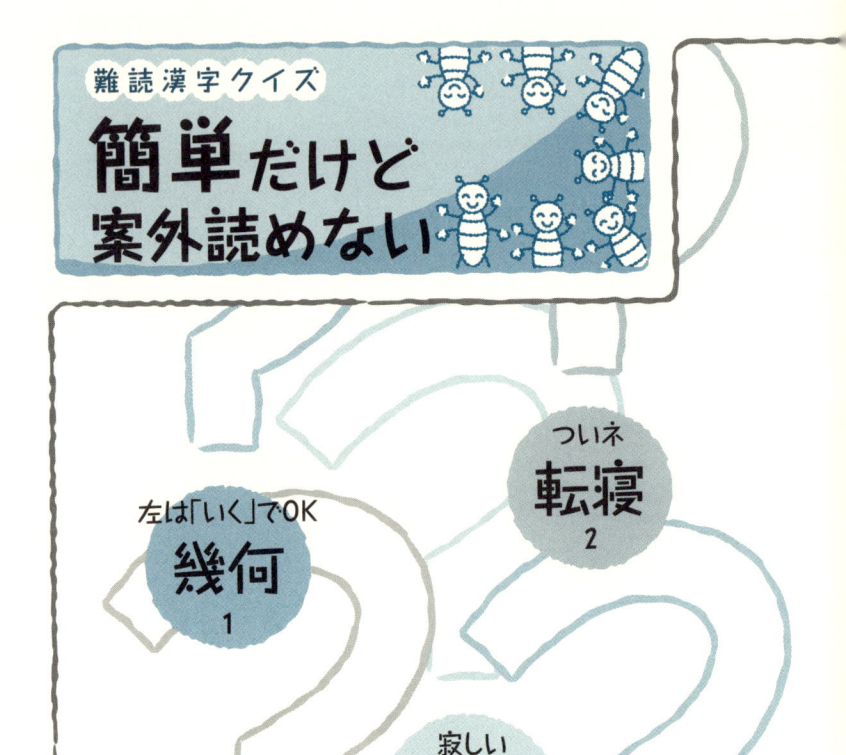

惜しむべきという
意味だから…

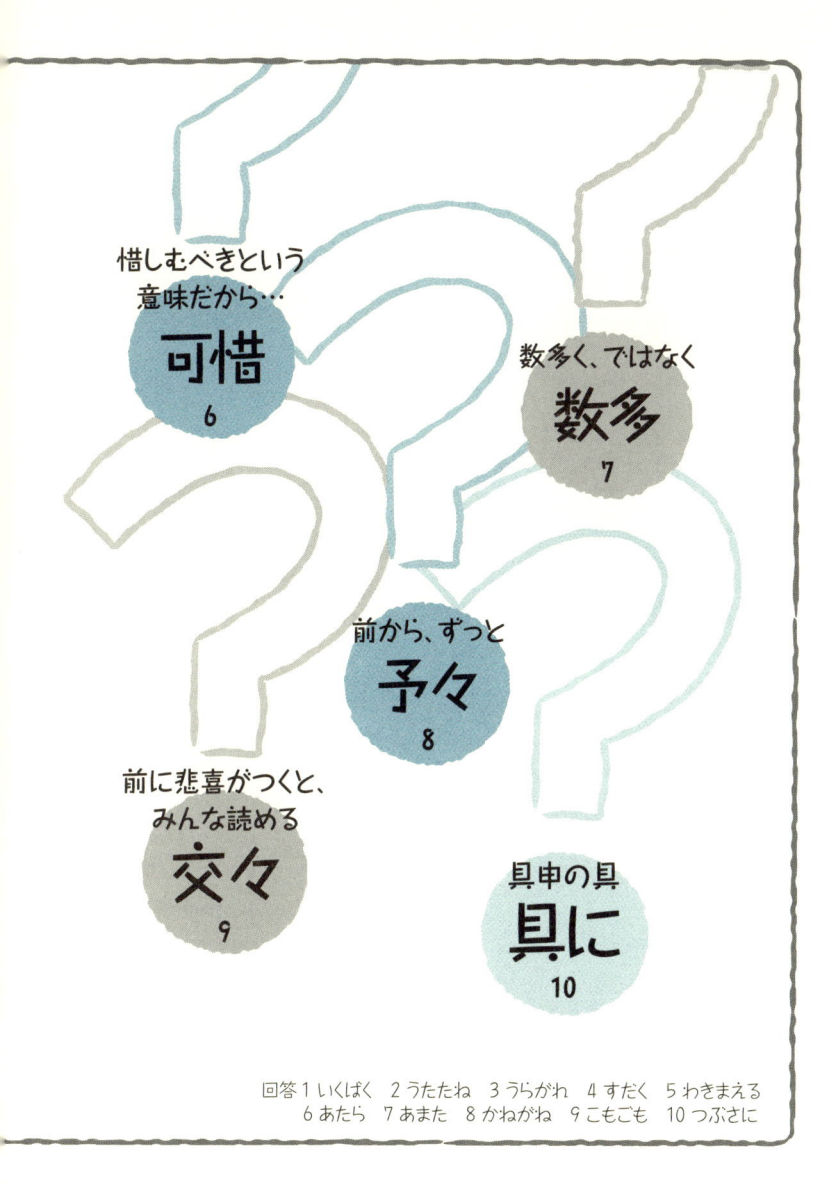

可惜

6

数多く、ではなく

数多

7

前から、ずっと

予々

8

前に悲喜がつくと、
みんな読める

交々

9

具申の具

具に

10

回答 1 いくばく 2 うたたね 3 うらがれ 4 すだく 5 わきまえる
6 あたら 7 あまた 8 かねがね 9 こもごも 10 つぶさに

難読漢字クイズ

よく使われる言葉だけど

味付けにね

韲える

1

耳

欹てる

2

もともとは長くなること

長ける

3

ごちそうさまッ!

惚気

4

一層、一段と

一入

5

ともすれば

動もすると

6

確かに形は

海星

7

○○もなく断る

鰾膠

8

方言なら
「つよか」とも言うが、
そうじゃなく…

強か

9

戦々兢々（戦々恐々）の
戦です

戦く

10

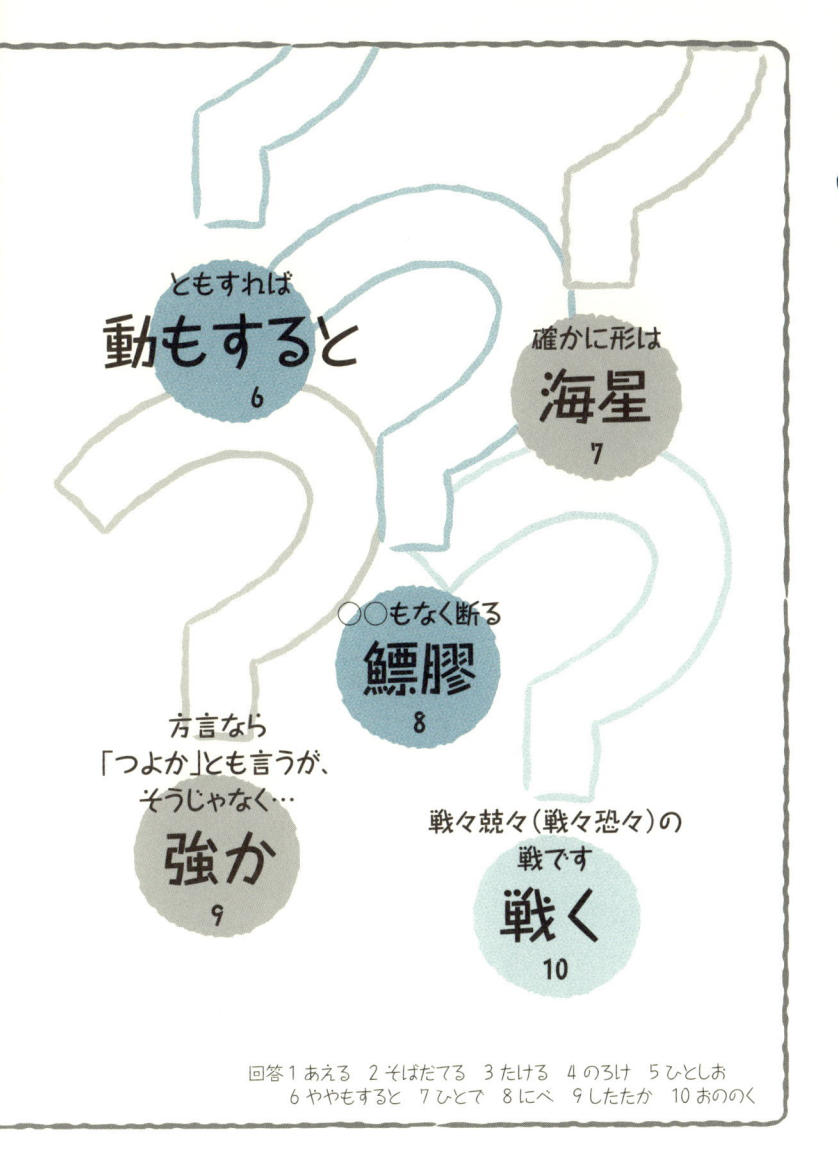

回答 1 あえる　2 そばだてる　3 たける　4 のろけ　5 ひとしお
6 ややもすると　7 ひとで　8 にべ　9 したたか　10 おののく

難読漢字クイズ

最近あまり使われなくなった言葉だけど

密会のこと

媾曳き

1

こびへつらい

阿諛

2

What are you?

誰何

3

前進とつくと読めるかも？

匍匐

4

♪ウチら陽気な
〇〇〇〇娘

姦しい

5

「囂しい」も
「譁しい」も同じ読み

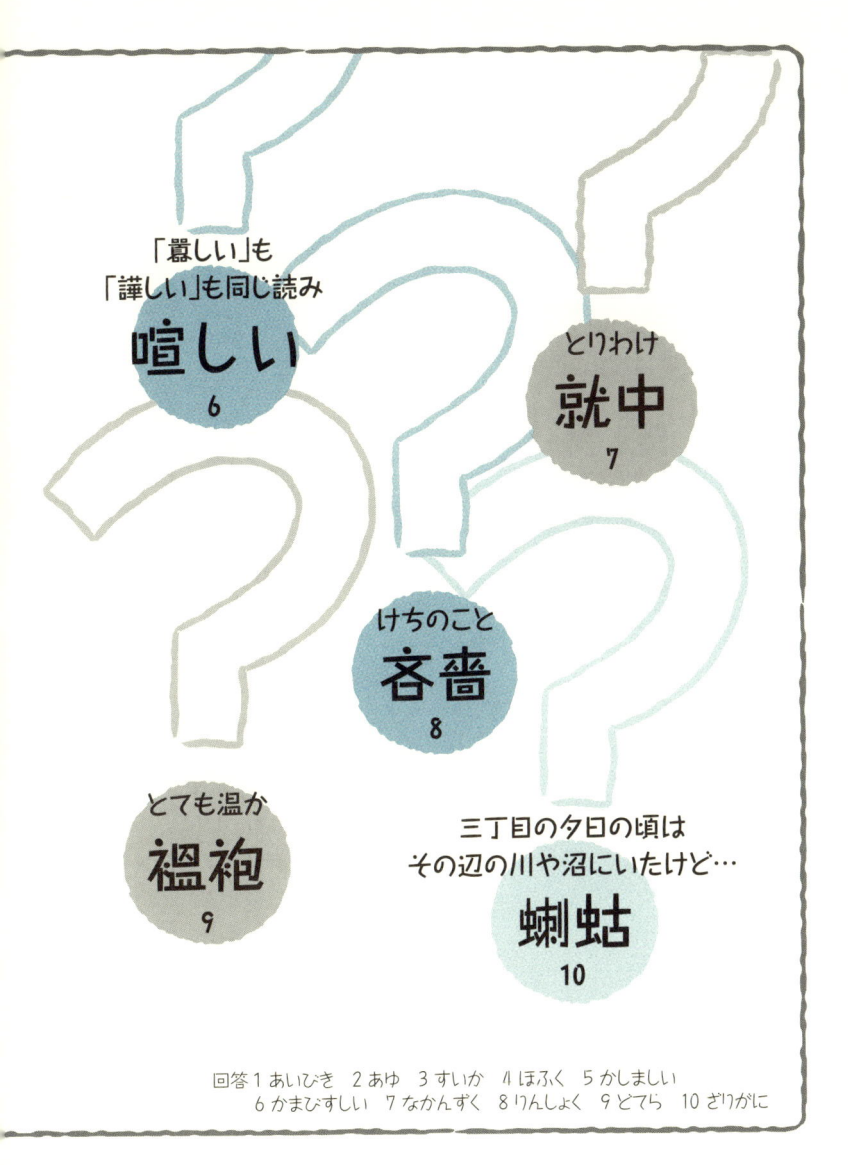

喧しい

6

とりわけ

就中

7

けちのこと

吝嗇

8

とても温か

褞袍

9

三丁目の夕日の頃は
その辺の川や沼にいたけど…

蝲蛄

10

回答 1 あいびき　2 あゆ　3 すいか　4 ほふく　5 かしましい
6 かまびすしい　7 なかんずく　8 りんしょく　9 どてら　10 ざりがに

難読漢字クイズ

間違えやすい読み方

あらそいと読まないように

諍い

1

最近は「決別」と
書き換えてしまうけど、
本来はこの字

袂別

2

「こまやか」ではないが、
意味は似てる

細やか

3

「つきじべい」
ではない

築地塀

4

「りくやね」
ではない

陸屋根

5

女の人が
突きつける

三行半

6

慣用読みは
「どうけい」だけど

憧憬

7

「どくだんじょう」と読むのだと
思ってたでしょ?

独擅場

8

「いちい」と読むと
思ってる人が案外多い

市井

9

「まくま」では変換しません

幕間

10

回答 1 いさかい　2 べいべつ　3 ささやか　4 ついじべい　5 ろくやね
6 みくだりはん　7 しょうけい　8 どくせんじょう　9 しせい　10 まくあい

難読漢字クイズ

四文字熟語

右を見たり
左を気にしたりしていると

右顧左眄

1

あちらも見たり
こちらを見たり

左見右見

2

思い切って

乾坤一擲

3

いろいろな化け物

魑魅魍魎

4

田舎者

田夫野人

5

絵をほめるときに使うたとえ

気韻生動

6

世の中に活気がないこと

萎靡沈滞

7

麁枝は粗枝とも書く

麁枝大葉

8

こんな様子を見てるとうらやましい

喋喋喃喃

9

かき集めたりえぐり出したり

爬羅剔抉

10

回答 1 うこさべん　2 とみこうみ　3 けんこんいってき　4 ちみもうりょう
5 でんぷやじん　6 きいんせいどう　7 いびちんたい　8 そしたいよう
9 ちょうちょうなんなん　10 はらてっけつ

難読漢字クイズ

これくらいは読めないと

男子七日
会わないと…
刮目
1

「きい」と読むのは
間違い
忌諱
2

そそのかすこと
指嗾
3

出し入れします
抽斗
4

「湯婆婆」なら
千と千尋の神隠しだが…
湯湯婆
5

オタクのこと？

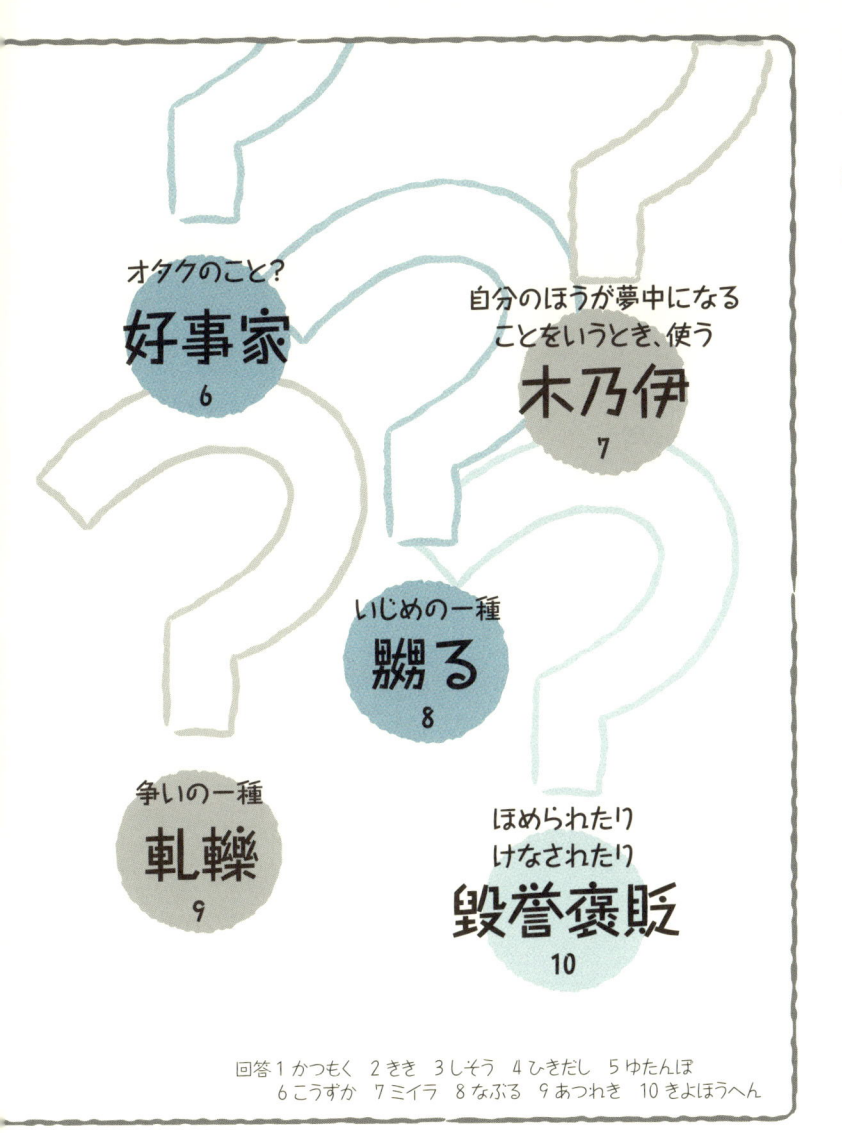

好事家

6

自分のほうが夢中になる
ことをいうとき、使う

木乃伊

7

いじめの一種

嬲る

8

争いの一種

軋轢

9

ほめられたり
けなされたり

毀誉褒貶

10

回答 1 かつもく　2 きき　3 しそう　4 ひきだし　5 ゆたんぽ
6 こうずか　7 ミイラ　8 なぶる　9 あつれき　10 きよほうへん

引用図版出典

『中華人民共和国古代青銅器展』（日本経済新聞社）
………p.26「獣面文筒形卣」
『書道字典』（角川書店）
………p.25 甲骨文・金文の「王」／p.28「十二支の古代文字」／
「六書」に出てくる古代文字 p.51,52,59
『中国書法ガイド』（二玄社）
………p.20 獣面文筒形卣の銘文／p.27
大盂鼎／p.33「書体の変遷」の５書体の図版
その他は著者所蔵

吉田誠夫（よしだ のぶお）

二松学舎大学大学院修了（中国文学専攻）。出版社勤務、大学講師等を経て、中学校と高校の教諭に。東日本国際大学附属昌平中学・高等学校などで国語を指導。南北朝期の詩人・庾信（ゆしん）の研究がライフワーク。

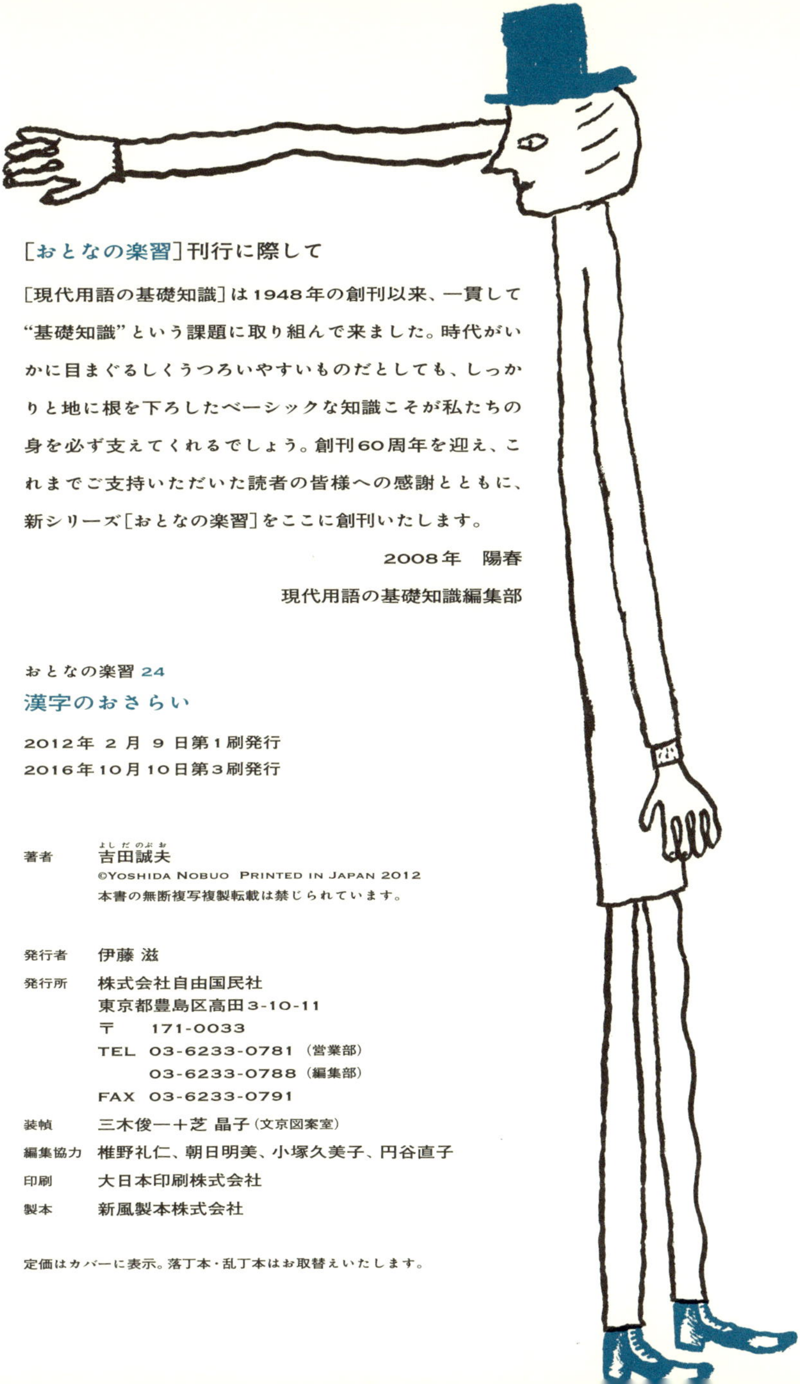

[おとなの楽習]刊行に際して

[現代用語の基礎知識]は1948年の創刊以来、一貫して“基礎知識”という課題に取り組んで来ました。時代がいかに目まぐるしくうつろいやすいものだとしても、しっかりと地に根を下ろしたベーシックな知識こそが私たちの身を必ず支えてくれるでしょう。創刊60周年を迎え、これまでご支持いただいた読者の皆様への感謝とともに、新シリーズ[おとなの楽習]をここに創刊いたします。

2008年　陽春

現代用語の基礎知識編集部

おとなの楽習 24

漢字のおさらい

2012年 2月 9日第1刷発行
2016年10月10日第3刷発行

著者　吉田誠夫《よしだのぶお》

発行者　伊藤 滋

発行所　株式会社自由国民社
東京都豊島区高田3-10-11
〒　171-0033
TEL　03-6233-0781（営業部）
03-6233-0788（編集部）
FAX　03-6233-0791

装幀　三木俊一＋芝 晶子（文京図案室）

編集協力　椎野礼仁、朝日明美、小塚久美子、円谷直子

印刷　大日本印刷株式会社

製本　新風製本株式会社

定価はカバーに表示。落丁本・乱丁本はお取替えいたします。